Uruwashi
O ESPÍRITO DO JUDÔ

Volume 2

"*A natureza humana é constituída de vários atributos, muitas vezes conflitantes entre si. O equilíbrio é a meta final e precisa ser alcançado todos os dias. O guerreiro é também um homem de paz, assim como o pacífico é um homem de guerra – um não vive sem o outro. Aquele que segura no quimono também empunha a caneta. Não apenas derruba seus adversários, mas lhes entrega a mão para que se reergam, e erige, com palavras, edifícios de conhecimento... Uruwashi era o termo que os samurais usavam para definir este estado de espírito, de equilíbrio interior entre o guerreiro e o artista que vivem dentro de cada um de nós. Uruwashi é a palavra que melhor define esta obra.*"

Wagner Hilário – Jornalista, escritor, aluno de judô do sensei Rioiti Uchida e colaborador da Editora Évora.

Rioiti
Uchida

Rodrigo
Motta

Uruwashi
O ESPÍRITO DO JUDÔ

Volume
2

A história, os valores,
os princípios e as técnicas
da arte marcial

generale

Publisher
Henrique José Branco Brazão Farinha
Editora
Cláudia Elissa Rondelli Ramos
Preparação de texto
Gabriele Fernandes
Revisão
Ariadne Martins
Diagramação
Daniele Gama
Capa
Luiz Lavos
Imagens de capa e miolo
Biô Barreira
Impressão
RR Donnelley

Copyright © 2017 *by* Rioiti Uchida e Rodrigo Motta
Todos os direitos reservados à Editora Évora.
Rua Sergipe, 401 – Cj. 1.310 – Consolação
São Paulo – SP – CEP 01243-906
Telefone: (11) 3562-7814/3562-7815
Site: http://www.evora.com.br
E-mail: contato@editoraevora.com.br

DADOS INTERNACIONAIS PARA CATALOGAÇÃO NA PUBLICAÇÃO (CIP)

M875u

Motta, Rodrigo
 Uruwashi : o espírito do judô, volume 2 / Rodrigo Motta,
Rioiti Uchida. - São Paulo: Évora, 2017.
 260 p.: il. color.; 21x28 cm

 ISBN 978-85-8461-116-4

 1. Judô. I. Uchida, Rioiti. II. Título.

CDD - 796.8152

JOSÈ CARLOS DOS SANTOS MACEDO - BIBLIOTECÁRIO -- CRB7 N. 3575

*Educação,
não há nada maior no mundo.
A educação moral de uma pessoa se estende a 10 mil pessoas.
A educação de uma geração se expande por uma centena de gerações.*

Jigoro Kano[1]

[1]KANO, 2008, p. 121.

Uruwashi significa equilíbrio entre as habilidades culturais e marciais em uma pessoa. Esse ideal (de equilíbrio interior entre o guerreiro e o artista de cada um) existe desde os primórdios nas culturas chinesa e japonesa.

William Scott Wilson, em *O Samurai*: a vida
de Miyamoto Musashi

Dedico este livro, antes de tudo, ao judô, que me deu direção e cujos valores e princípios ecoaram em meu íntimo desde o "primeiro encontro". Dedico-o aos mestres que o judô me deu, referências no tatame e fora dele; aos meus alunos, com os quais sempre aprendo ao ensinar; e à minha família, minha maior fonte de estímulo.

Rioiti Uchida

Ao meu pai, Ivan Martins Motta, que me incentivou a praticar esportes; à minha esposa Sintya de Paula Jorge Motta que convive há décadas com o judô; ao meu valente irmão Alfredo Guimarães Motta que nos últimos anos lutou mais do que qualquer outro; aos meus professores de judô, jiu-jítsu e polo aquático, que desenvolveram minhas habilidades e meu interesse pela prática esportiva; em especial ao meu professor Rioiti Uchida; e aos meus amados filhos João Abade de Paula Motta e Antonio Bento de Paula Motta, a quem desejo uma trajetória longa e vitoriosa na vida e nos esportes.

Rodrigo Guimarães Motta

Agradeço à minha esposa, Yischie Yamaguti Uchida, pelo companheirismo, suporte e compreensão ao longo de todos esses anos de amor e dedicação mútua, e aos meus filhos, Wagner Tadashi Uchida e Roger Tsuyoshi Uchida, ricos frutos desse encontro e solo fértil para os valores e os princípios do judô, homens dos quais já me orgulho.

Se agradeço aos filhos, não posso deixar de agradecer aos "pais-mestres", Mario Matsuda, Chiaki Ishii e Massao Shinohara, que o judô me deu e que me ensinaram o que realmente importa nas artes marciais e na vida. Agradeço também ao meu companheiro de kata e de conquistas, Luis Alberto dos Santos.

Agradeço também aos alunos da Associação de Judô Alto da Lapa (Ajal), em especial a Rodrigo Guimarães Motta, grande incentivador deste e de outros projetos que engrandecem o esporte e todos que o amam, e a José Fernandez Diaz, o Pepe, presidente e fundador da Ajal, o alicerce de uma instituição que preza por disseminar o judô em toda a sua grandeza técnica e moral.

Rioiti Uchida

Este livro demandou muito trabalho para ser feito. Estudo prático e teórico, sessões fotográficas, revisões de conteúdo. Tudo isso para atender ao desafio proposto aos autores: escrever o melhor livro sobre judô já publicado no Brasil. De certa forma, ele começou a ser desenvolvido quando os autores iniciaram a prática do judô, décadas atrás. Agora chega o momento de lançá-lo, e é necessário agradecer a todas as pessoas que contribuíram direta e indiretamente para sua confecção.

Agradeço em primeiro lugar aos meus familiares, que sempre me incentivaram, participando ou, pelo menos, aceitando as longas horas de prática esportiva em geral e do judô, em particular: José Alves Motta (*in memoriam*), Edith Alves Motta (*in memoriam*), Aldo Rodrigues Samarão Guimarães (*in memoriam*), Lais de Barros Monteiro Samarão Guimarães (*in memoriam*), Aldo Rodrigues Samarão Guimarães Filho (*in memoriam*), Ivan Martins Motta, Maria Alice de Barros Monteiro Samarão Guimarães (*in memoriam*), Alfredo Guimarães Motta, Sintya de Paula Jorge Motta, João Abade de Paula Motta e Antonio Bento de Paula Motta.

Agradeço também aos meus mestres no esporte: José Alexandre de Meyer Pflug (*in memoriam*), José Fernandes Lechner (*in memoriam*), Armando Luis Lechner (*in memoriam*), Chiaki Ishii e Rioiti Uchida. E reconheço todos os meus companheiros de equipe na Sociedade Harmonia de Tênis, Associação de Judô Ishii, Associação Atlética Acadêmica Getúlio Vargas, Associação de Judô Alto da Lapa, Associação de Grand Masters e Kodanshas de Judô do Brasil e de todos os demais locais onde treinei ou competi ao longo dos anos – representando a todos, o meu muito obrigado a Silvio Tardelli Uehara, meu amigo de todas as horas.

Meus agradecimentos vão também a todos aqueles que estiveram envolvidos no projeto deste livro: Henrique Farinha, Eduardo Meirelles, Biô Barreira, Bruno L. de P. Zago, Cláudia E. Rondelli, Luiz Lavos, Wagner Hilário, Wagner Tadashi Uchida, Roger Tsuyoshi Uchida, Aline Akemi Lara Sukino e Luis Alberto dos Santos.

Rodrigo Guimarães Motta

PREFÁCIO

Saber que no Brasil temos uma obra que trata do judô de forma bastante abrangente, contemplando não apenas sua faceta de luta, mas enfatizando também a importância do kata, é motivo de orgulho para todos os judocas brasileiros e para mim em particular, já que os autores são meus alunos: Rioiti Uchida e Rodrigo Motta.

Sensei Uchida foi meu primeiro aluno. Nós nos conhecemos em 1969, quando abri uma academia na rua Barão de Jundiaí, zona oeste de São Paulo. Eu havia chegado ao Brasil cinco anos antes, vindo de Ashikaga, cidade japonesa localizada a 80 quilômetros da capital Tóquio. O empenho e o gosto pelo judô que sensei Uchida demonstrava desde o início fizeram dele naturalmente meu braço direito na academia, onde, depois de um tempo, ele passou a morar.

Graças a ele e, mais tarde, a outros alunos, pude participar de competições internacionais, ciente de que minhas academias em São Paulo estavam em boas mãos. Cheguei a ter cinco academias e precisava muito dos alunos mais antigos. O aluno é tão importante para o professor quanto o professor para o aluno. Ensinar é aprender. Eu ensinava Uchida e, ao mesmo tempo, Uchida me ensinava.

Rodrigo Motta também foi meu aluno, treinou comigo um bom tempo, ainda bastante jovem, mas já, àquela época, um bom judoca, um judoca muito valente. Hoje, depois de construir uma história bonita e cheia de conquistas no judô, treina com sensei Uchida. Seguramente aprende muitas coisas com ele, mas também ensina.

Lembro-me de quando Uchida começou a se interessar e se dedicar aos kata. Ele sempre foi bom lutador, porém eu mesmo recomendei que investisse mais nos kata. Achava que, pela facilidade que tinha, poderia se tornar pioneiro e referência na disseminação deles. Na ocasião, os kata tinham pouco reconhecimento no mundo, com exceção do Japão, onde sempre fora muito valorizado.

Felizmente, o cenário mudou, o mundo passou a dar ao kata o valor que sempre mereceu e Uchida, sem dúvida, com os inúmeros títulos que conquistou, é um dos responsáveis por isso. Eu considero sensei Uchida um deus do kata. Levei japoneses para assistirem a uma apresentação dele, e me disseram isso. Eles admiram a técnica e os kata de Uchida. Isso não é pouco.

A verdade é que o judô não tem segredo: primeiro, a gente quer aprender a lutar, quer lutar para mostrar que sabe, mas depois essa vontade passa e a gente amadurece. No decorrer do caminho, descobre que força ajuda, mas não é tudo. Descobre que o judô é muito mais que lutar contra alguém. Se fosse só isso, acabava na velhice. Não acaba. Judô é para a vida toda e isso graças ao kata.

Espero que esta obra os ajude a compreender a essência do judô, que se não é uma arte com grandes segredos, é, com certeza, uma arte cheia de ensinamentos.

Chiaki Ishii (9º Dan)
Primeiro medalhista olímpico do judô
brasileiro e professor de Rioiti Uchida e
Rodrigo Guimarães Motta.

SUMÁRIO

INTRODUÇÃO 1
CAPÍTULO 1 — O JUDÔ NO BRASIL 3
CAPÍTULO 2 — O ENSINO DO JUDÔ 13
CAPÍTULO 3 — KATAME-NO-KATA 23
CAPÍTULO 4 — KAESHI-WAZA 79
CAPÍTULO 5 — KIME-NO-KATA 143
CAPÍTULO 6 — KATAME-WAZA 195
CONCLUSÃO 237
BIBLIOGRAFIA 241

INTRODUÇÃO

Uruwashi é, possivelmente, a obra mais completa já produzida em língua portuguesa sobre o judô. Ela se destina a inúmeros públicos, constituindo referência filosófica e técnica a praticantes e fonte de consulta e de entendimento da arte marcial a curiosos e estudiosos do tema, além de cumprir a função de "porta de entrada" às pessoas que querem enveredar por esse riquíssimo "caminho suave"[1].

Além da essência "espiritual" e da gênese do judô, tratadas mais a fundo no primeiro volume, esta obra apresenta ao leitor as técnicas, por meio das quais essa essência, a princípio só etérea, ganha forma. Muitas dessas técnicas foram criadas há um milhar de anos e, ao longo desse período, depuradas por inúmeros samurais e mestres, entre os quais Jigoro Kano. Foi sensei Kano, ainda durante o século XIX, o responsável pela organização das técnicas básicas, utilizadas no judô, de nage-waza (arremessos) e katame-waza (de luta no solo), que engloba osae-waza (imobilizações), kansetsu-waza (chaves) e shime-waza (estrangulamentos).

Neste segundo volume, dos três que compõem a obra, contamos, de forma concisa, a história do judô no Brasil, revelando alguns de seus mais eminentes personagens, seja pelo pioneirismo, pela divulgação do esporte país afora ou pelas conquistas competitivas. Também mostramos os aspectos elementares do ensino da arte, que contempla temas como a estrutura básica de uma aula e as especificidades que precisam ser consideradas ao ensinar judô para diferentes perfis etários de aprendizes, no caso: crianças, adolescentes e adultos.

No plano técnico, este livro mostra em fotos e descreve em legendas detalhadas inúmeras técnicas de kaeshi-waza (contragolpes), katame-waza e ainda traz dois dos sete kata elaborados por Jigoro Kano: o katame-no-kata e o kime-kata. O primeiro visa reproduzir, simulando um combate real, o uso de técnicas de luta de solo, e o segundo mostra a eficácia de técnicas de artes marciais diversas, mas a maioria do próprio judô, em situações em que é preciso autodefender-se.

Por esta introdução, acreditamos que seja possível ter uma boa ideia do universo de conhecimento que este volume lhe trará sobre essa apaixonante arte marcial. Desfrute, conheça e pratique o "caminho suave" até o último volume.

---

[1] Tradução livre da palavra "judô": "ju" (suave) e "dô" (caminho).

CAPÍTULO I

O JUDÔ NO BRASIL

A tese mais aceita a respeito da chegada do judô ao Brasil remonta a vinda dos primeiros imigrantes japoneses a bordo do famoso navio Kasato Maru, que ancoraria no porto de Santos (SP) em 1908 (VIRGILIO, 1994, p. 53). Esses homens e mulheres oriundos da Terra do Sol Nascente chegavam ao Brasil, sobretudo, para trabalhar nos cafezais paulistas. As gigantescas diferenças culturais, especialmente a enorme distância entre a língua portuguesa e a nipônica, foram sem dúvida um grande obstáculo no processo de integração entre os dois povos, o que, num primeiro momento, restringia a relação ao âmbito profissional, com os japoneses fornecendo sua mão de obra aos fazendeiros do estado de São Paulo.

Assim, a prática da arte marcial não era, a princípio, compartilhada com os brasileiros. O judô era um dos inúmeros recursos usados pelos nipônicos para manterem-se mais próximos do país de origem, um recurso para matarem a saudade. Por isso, talvez, num primeiro momento, não lhes interessasse propagá-lo em terra estrangeira (VIRGILIO, 1994, p. 53), a não ser que a terra deixasse de ser estrangeira, o que não demoraria a acontecer.

Embora essa seja a tese mais aceita a respeito da chegada do judô ao Brasil, há vagos registros sobre "certo professor Miura, que teria ensinado judô no país por volta de 1903" (VIRGILIO, 1994, p. 53). O fato é que, como ocorre entre a maior parte das atividades esportivas, há sempre um período embrionário, em que a prática fica restrita a um pequeno grupo. Contudo, assim que constatado seu valor humano, é difundida quase que de forma espontânea, conforme as pessoas se afinam com sua essência. O judô, no Brasil, não teria destino diferente.

Os grandes divulgadores

Apesar de a história nos levar a crer que o judô ancorou em terras tupiniquins com os primeiros imigrantes, o primeiro registro da prática do judô como exibição e com o propósito de difusão pelo Brasil data da chegada de dois membros do Kodokan enviados às Américas. Seus nomes: Mitsuyo Maeda e Sanshiro Satake. No país, Maeda ficaria conhecido como Conde Koma.

Segundo pesquisa[1] realizada por Rildo Heros Barbosa de Medeiros, cujos documentos, ao menos parte deles, se encontram em museu do Kodokan denominado de Mitsuyo Maeda – uma homenagem ao divulgador da arte marcial –, Conde Koma e seu colega teriam aportado no Brasil, em Porto Alegre (RS), no ano de 1914. Porém, seu destino não era a capital rio-grandense, mas Manaus (AM), no extremo norte do país, onde se instalaram de fato. Mas antes mesmo de chegar a Porto Alegre, Maeda e Satake já tinham percorrido uma verdadeira via-sacra pelas Américas e percorreriam outra no Brasil antes de fixar residência na capital amazonense em 18 de dezembro de 1915. A primeira apresentação dos japoneses em Manaus aconteceu no dia 20 de dezembro de 1915, no Teatro Politeama. "Foram apresentadas técnicas de torções, defesas de agarrões, chaves de articulação, demonstração com armas japonesas e desafio ao público. Com o sucesso dos espetáculos, os desafios contra os membros da equipe se multiplicaram. Entre os desafiantes, apareceram boxeadores, como Adolfo Corbiniano, de Barbados, e lutadores de luta livre romana, como o árabe Nagib Asef e Severino Sales" (MOSHANOV, 2004, p. 10 e 11). Embora infringissem as normas do Kodokan, os desafios eram o ganha-pão desses homens, que teriam poucas chances de conseguir bons proveitos financeiros se não fosse por eles.

Ainda em 1916, Maeda embarcaria do Brasil para a Inglaterra. Em 1917, Conde Koma regressaria ao país, mas desta vez para Belém, a capital paraense. O aluno do Kodokan então ingressaria no American

---

[1] BORTOLE, C. "Muda a História". Revista *Judô*, São Paulo, nº12, pp. 10-11, set. 1997.

Circus, que tinha entre suas atrações os desafios entre lutadores. Durante o tempo em que trabalhou para o American Circus, Maeda conheceu Gastão Gracie, um dos sócios do empreendimento. O interesse de Gastão pela arte marcial fez com que ele fosse, além de funcionário do circo, professor de seus filhos, Carlos e Hélio Gracie. Maeda faria nova viagem à Inglaterra em 1920, voltando a Belém dois anos depois – ocasião também da ida de seu colega Satake de Manaus para a Europa –, mas dessa vez para trabalhar como agente de imigração pela Companhia Industrial Amazonense e como professor de judô dos belenenses. Conde Koma moraria na capital paraense até falecer, em 1941.

Apesar do pioneirismo na difusão do esporte para além das colônias nipônicas no país e do relevante papel desempenhado, não foi por meio de Satake nem de Maeda que o judô adquiriu projeção nacional. Mas, claro, é indiscutível que a participação deles foi fundamental para a popularização que em breve o esporte experimentaria no Brasil, assim como também foi a participação dos japoneses vindos no Kasatu Maru e, quem sabe, do pouco conhecido professor Miura.

O certo é que o judô começou a expandir-se de forma organizada e sistemática no país a partir do final da década de 1920, com a chegada a São Paulo de Tatsuo Okoshi, membro do Kodokan e Kodansha – faixa alvirrubra ou "coral" que sucede a preta quando o judoca alcança o sexto Dan – já no oitavo Dan. Okoshi fundaria e presidiria no Brasil a Associação dos Faixas Pretas do Kodokan. Também fundaria, ao lado de outros importantes judocas, em 1958, e seria o primeiro diretor técnico da Federação Paulista de Judô (FPJ) (VIRGILIO, 1994, p. 55).

Outros contemporâneos de Okoshi também desempenhariam papel fundamental para o desenvolvimento do judô no país. Entre eles, Geo Omori e os irmãos Ono, excepcionais lutadores que, a exemplo de Maeda e Sataque, participavam de desafios, muitos deles no circo Queirolo, em território paulista, obtendo sucesso na maior parte das vezes. Mais tarde, teriam sua própria academia e ensinariam a arte marcial.

Nesse mesmo ano, desembarcou no Brasil, radicando-se na cidade de Suzano (SP), Katsuoshi Naito, sétimo Dan, que trazia no currículo a honra de ter sido o primeiro japonês a ganhar uma medalha olímpica, o que se deu em Paris (1924), na modalidade luta livre. Naito, a exemplo de Okoshi, teve grande participação na consolidação e organização do judô no estado e, por conseguinte, no país. Por estar numa cidade do interior, Naito era a principal figura do que à época se chamava de Kodokan do interior, enquanto Okoshi era o homem-forte do Kodokan da capital (REVISTA KIAI, 1998, p. 9).

A equipe de difusores do judô no Brasil ganharia reforço em 1931 com a chegada, também a São Paulo – principal destino dos estrangeiros, à época, em virtude do acelerado processo de industrialização pelo qual passava –, de Sobei Tani, sexto Dan, que fundaria sua academia no bairro de Jaraguá, na cidade de São Paulo. Tani formaria alguns dos maiores judocas da primeira fase do judô organizado no Brasil. O mais notório deles seria Lhofei Shiozawa, cuja vitória conquistada no mundial de 1961 entrou para a história como uma das mais rápidas do esporte em competições oficiais. Shiozawa precisou de apenas três segundos para projetar Antonio Navarro com um uchimata impecável. Além disso, foi o único brasileiro de nascença a vencer Chiaki Ishii, japonês da cidade de Ashikaga, mas naturalizado brasileiro, e o primeiro a alcançar grandes feitos pelo país em competições internacionais.

A esses homens empenhados em propagar a prática e a cultura do judô no Brasil, se somaria Ryuzo Ogawa, que chegou ao país em 1934, como quinto Dan – alcançaria o nono, faixa vermelha, até o fim da vida –, e teria papel fundamental no processo de disseminação do esporte, especialmente a partir de 1938, quando funda a academia Budokan, na cidade de Registro, no interior paulista. Ogawa era um sensei extremamente disciplinador, além de profundo conhecedor de algumas escolas de jujutsu[2] e, em pouco tempo, a Budokan formou grandes judocas que abriram filiais (mais de cem) por todo o Brasil. Assim, Ogawa adquiriu status de grande difusor do esporte (VIRGILIO, 1994, p. 16).

Ogawa, Ono e Omori formavam um grupo de judocas que extraíam do ensinamento do judô seus proventos, o que provocou divergência dentro da comunidade judoca paulista num primeiro momento, já que Okoshi, um empresário bem-sucedido, não era a favor de que o judô fosse usado como fonte de renda. Para ele, a arte deveria ser ensinada sem fins lucrativos (VIRGILIO, 1994, p. 9). Naito, que era engenheiro agrônomo, por sua vez, compreendia a necessidade de seus parceiros de judô, que, por não disporem de outros ofícios capazes de lhes proverem de forma digna, dependiam da arte marcial para manterem suas famílias. Assim, seu papel foi de suma importância para que as diferenças fossem superadas e as diversas academias e autoridades do judô paulista progredissem lado a lado, ajudando-se mutuamente, dando ao esporte abrangência nacional.

Além de Ogawa e dos demais nomes já citados, é fundamental lembrar Tokuzo Terezaki, judoca notável e grande amigo de Naito, ao lado do qual contribuiu muito para a organização do judô paulista, e Seissetsu Fukaya, simplesmente o fundador de uma das mais tradicionais escolas de judô do país, a academia do Esporte Clube Pinheiros. Em 1967, Fukaia chefiou a delegação brasileira que viajou ao Japão para uma competição disputada na Universidade de Tóquio. A equipe brasileira voltou com honrado segundo lugar (VIRGILIO, 1994, p. 13).

"O esforço que (todos esses homens) levaram a cabo tinha ideais elevados, objetivando projetar o esporte na preferência dos brasileiros e separá-lo definitivamente do jiu-jítsu" (VIRGILIO, 1994, p. 56), que àquela altura já dispunha de grande visibilidade em virtude do trabalho de promoção do modelo desenvolvido pela família Gracie, sobretudo Carlos e Hélio, ex-alunos de Maeda, e os quais haviam promovido alterações técnicas na prática da arte marcial, enfatizando o ne-waza (técnicas de luta no chão) em detrimento do nague-waza e do tachi-waza (técnica de projeção e técnica de luta em pé).

A verdade é que a estratégia empreendida pelos judocas funcionou e, até o fim da década de 1940, o judô sairia da capital paulista e de algumas cidades circunvizinhas para ganhar o interior e se alastrar por todo o país até alcançar, em fins da década de 1950, capilaridade similar à que tem hoje, sendo praticado em todos os estados da Federação e não apenas nas principais cidades. Mais importante do que a propagação em si, todavia, foi a preservação da essência filosófica que serve de sustentação ao judô. A arte marcial na conquista de novos territórios no Brasil, na medida do possível, como se pode notar pela conduta dos seus praticantes, não rompeu com os preceitos doutrinários que sempre nortearam e sempre nortearão essa arte.

Consolidação

O papel desses homens, fundamental para que a arte marcial adquirisse nível de popularidade incomum à maior parte dos esportes no Brasil, teria continuidade e não demoraria a aprimorar-se do ponto de vista organizacional, o que ajudaria a conferir unidade ao judô brasileiro. Assim, em 1951, realizou-se o primeiro campeonato oficial de judô do estado de São Paulo. Três anos depois, em 1954, o Rio de Janeiro organizaria o seu e, no mesmo ano, realizar-se-ia o primeiro Campeonato Brasileiro de Judô.

---

[2] Grafamos jujutsu para designar a maneira pela qual os japoneses se referiam ao conjunto de escolas que ensinavam técnicas de luta sem uso de armas durante a época dos samurais, e jiu-jítsu para nos referirmos ao Brazilian Jiu-jitsu, técnica de luta desenvolvida pela família Gracie com base nos ensinamentos do judoca Mitsuyo Maeda. É importante observar que o Brazilian Jiu-jitsu nasceu do judô.

Até então, não se sabia se o judô praticado no país tinha poderio competitivo internacional, se estava no mesmo nível do praticado em outros países e, sobretudo, se estava no mesmo nível do judô japonês, que por razões óbvias era o modelo a ser alcançado. O fato de o esporte no Brasil ter nascido e se desenvolvido pelas mãos de imigrantes nipônicos, ainda bastante envolvidos com a cultura samurai, fortalecia a tese dos que acreditavam num judô brasileiro de alta qualidade.

A primeira competição internacional de que uma equipe brasileira participaria, o II Pan-Americano de Judô, em Cuba, em 1956, corroborou a teoria. O país ficou com a segunda colocação por equipes. O time de atletas brasileiros era formado por Kawakami, Sunji Hinata, Augusto Cordeiro, Luiz Alberto Mendonça, Hikari Kurachi e Milton Rossi.

Vale lembrar que até então, apesar da crescente representatividade do esporte, o judô ainda não dispunha de uma direção específica. Assim, ficava sob a supervisão e gestão da Federação Brasileira de Pugilismo (FBP), em âmbito nacional, e das federações estaduais de pugilismo, em âmbito estadual. A gestão do esporte no país só começaria a mudar em 17 de abril de 1958 (ano em que se realizou o III Pan-Americano de Judô, desta vez no Brasil), com a fundação da Federação Paulista de Judô (FPJ), à qual se seguiria, quatro anos mais tarde, a Federação de Judô do Estado do Rio de Janeiro, fundada em 9 de agosto de 1962.

A organização específica do judô em âmbito nacional levaria mais tempo para acontecer. Dessa forma, quase sete anos depois da fundação da federação fluminense, nasceria, no dia 18 de março de 1969, a Confederação Brasileira de Judô (CBJ), cujo primeiro presidente seria Paschoal Segreto Sobrinho, numa clara prova de que o judô no Brasil não era mais atividade exclusiva dos imigrantes japoneses e de seus descendentes. Depois dele, em 22 de fevereiro de 1972 assumiria a presidência da entidade Augusto de Oliveira Cordeiro, que a presidiria por sete anos, deixando-a apenas em 1979.

Além desses dois importantes homens na consolidação do judô no Brasil, é igualmente importante lembrar-se de Jamil Kalil Nasser. Ao lado de Segreto, que além de primeiro presidente da CBJ, também presidiu a FBP e foi membro do Comitê Olímpico Brasileiro, Nasser registrou seu nome na história do judô nacional sendo um dos principais responsáveis pela realização do Campeonato Mundial de Judô, no Rio de Janeiro, em 1965, quatro anos antes ainda da fundação da CBJ (VIRGILIO, 1994, p. 57).

Olimpo

Com as bases erigidas, o judô brasileiro construía uma sólida e organizada classe, cujas conquistas internacionais no âmbito competitivo não demorariam a aparecer. E o melhor termômetro para mensurar a qualidade do trabalho feito por um país na formação de atletas são os Jogos Olímpicos. Logo na primeira participação brasileira no judô olímpico, em Munique (Alemanha), 1972, quando pela primeira vez o esporte era reconhecido oficialmente pelos Jogos (oito anos antes, na Olimpíada de Tóquio (Japão), o judô fora incluso, mas apenas experimentalmente), o Brasil conseguiu uma medalha de bronze com Chiaki Ishii, cujo osotogari, seu tokui-waza (golpe de preferência), até hoje é considerado um dos mais poderosos da história do judô[3]. É com muito orgulho que podemos escrever que esse imigrante japonês que se naturalizou brasileiro foi, é e sempre será nosso sensei.

---

[3] CONFEDERAÇÃO BRASILEIRA DE JUDÔ (CBJ). Galeria dos Campeões. Disponível em: <http://www.cbj.com.br/galeria_de_campeoes/>. Acesso em: 25 mai. 2015.

Mas Ishii não ficaria sozinho no Olimpo do judô brasileiro por muito tempo. Se em 1976 e 1980 passaríamos em branco, a partir de 1984 não haveria Olimpíada em que não conseguiríamos ao menos uma medalha. Em 1984, na Olimpíada de Los Angeles (EUA), o Brasil teve um excepcional desempenho, trazendo três medalhas, uma de prata, com o meio-pesado Douglas Vieira, e duas de bronze, com os pesos leve e médio Luiz Omura e Walter Carmona, respectivamente. O topo do pódio nós atingiríamos na Olimpíada seguinte, em Seul, capital da Coreia do Sul, com o meio-pesado Aurélio Miguel, cuja conquista influenciaria centenas, talvez milhares de jovens brasileiros a ingressarem no judô.

A ideia de que brasileiro não era só bom de bola, mas também de judô, ganharia ainda mais força quatro anos depois, com o ouro do meio-leve Rogério Sampaio na Olimpíada de Barcelona (Espanha). Em 1996, na Olimpíada de Atlanta (EUA), a série de ouros seria interrompida, mas Aurélio Miguel voltaria a subir no pódio olímpico, desta vez na terceira posição entre os meio-pesados, mesma posição que o meio-leve Henrique Guimarães conseguiria. Quatro anos mais tarde, em Sidney (Austrália), o jovem de apenas dezessete anos Tiago Camilo traria para o Brasil uma medalha de prata entre os leves, enquanto Carlos Honorato, que assim como Aurélio Miguel era aluno do professor nono Dan Massao Shinohara, faria o mesmo entre os médios.

Na Olimpíada subsequente, em Atenas, foi a vez de Flávio Canto, no meio-médio, e Leandro Guilheiro, aluno de Rogério Sampaio, na categoria leve, trazerem cada qual uma medalha de bronze para o país. Aqui vale ponderar a força que o judô adquiria no Brasil, não mais apenas por meio do estado de São Paulo, mas também por meio de outros estados da Federação. Isso porque até a chegada de Flávio Canto, todos os medalhistas olímpicos haviam saído de território paulista. Canto é carioca e sua formação no judô se deu no Rio de Janeiro. Ou seja, o judoca carioca tem o privilégio de ser o primeiro medalhista olímpico brasileiro a não vir de São Paulo e ser a prova de que o esporte realmente se nacionalizara.

Em 2008, Tiago Camilo e Leandro Guilheiro voltariam a subir no pódio, na terceira posição. A agradável surpresa viria com Ketleyn Quadros, que conquistaria a primeira medalha olímpica do judô feminino brasileiro (bronze), na categoria leve.

Na Olimpíada de Londres, em 2012, Sarah Menezes tornou-se a primeira mulher brasileira a conquistar um ouro olímpico pelo judô. Na mesma Olimpíada, Mayra Aguiar conseguiu o segundo bronze das mulheres brasileiras na competição. Entre os homens, mais duas medalhas de bronze, uma com Felipe Kitadai e outra com Rafael Silva, o Baby.

Na Olimpíada do Rio de Janeiro em 2016, Rafael Silva e Mayra Aguiar conquistaram o bronze e Rafaela Silva trouxe o ouro para o Brasil. Ou seja, se somarmos todas as conquistas olímpicas, o Brasil tem, atualmente, 22 medalhas, sendo quatro de ouro, três de prata e quinze de bronze.

Em mundiais, nossa participação é ainda mais expressiva e tem se tornando, a cada ano, mais destacada. São 39 medalhas, sendo seis de ouro, dez de prata e 23 de bronze. Desse total de medalhas conquistadas em mundiais, dezoito foram conseguidas de 2010 até 2015.

O principal atleta brasileiro na competição é o meio-leve João Derly, com duas medalhas de ouro, mas outros notáveis judocas em Olimpíadas também dão o ar da graça em mundiais.

Chiaki Ishii, que ganhou a primeira medalha olímpica do judô brasileiro, foi quem ganhou também a primeira em mundiais: medalha de bronze no mundial de 1971, na Alemanha. Além dele, outros olímpicos também "medalharam" em mundiais: Walter Carmona, com uma de bronze; Aurélio Miguel, com duas de prata; Rogério Sampaio, com uma de bronze; Tiago Camilo, que conquistou, junto com

João Derly e Luciano Correa, medalha de ouro em 2007, no mundial disputado no Rio de Janeiro, e devemos somar a esta lista Mayra Aguiar, ouro na Rússia, em 2014, e prata, no Brasil, também no Rio de Janeiro, um ano antes.

Na verdade, entre as mulheres, a conquista de medalhas em mundiais começou bem antes do que em Olimpíadas, em 1995, na cidade de Tóquio (Japão), com o bronze da paulista Daniele Zangrando, no peso leve. Depois, Edinanci Silva traria mais duas medalhas de bronze em mundiais para o País no meio--pesado, uma seria conquistada em 1997 na cidade de Paris (França) e outra em 2003, em Osaka (Japão). Porém, o ouro femino, em mundiais, só seria conquistado no Rio de Janeiro, em 2013, pela carioca Rafaela Silva, no peso leve.

Kata

Enumerar todas as conquistas do judô brasileiro ao longo da história tornaria o texto maçante. Contudo, algumas das conquistas mais importantes não podem passar em branco. Por isso as registramos aqui. Antes de terminamos esses registros, é fundamental destacar outro tipo de competição na qual o Brasil tem se notabilizado como principal potência mundial, somando dezenas de títulos mundiais e pan-americanos, embora seja um modelo competitivo recém-descoberto pelos órgãos nacionais e internacionais de judô e pelos próprios judocas: as competições de kata.

O fato é que, mais relevante do que a competição em si, tais eventos têm estimulado judocas de todo o mundo a praticarem o kata, cuja melhor definição talvez seja a execução em sequência de uma série de golpes respeitando normas estéticas, de etiqueta e a origem das técnicas. A tradução literal da palavra kata é "forma". Quando criou os kata, Jigoro Kano e sua equipe do Kodokan pretendiam registrar a forma original, a raiz técnica do judô.

A exemplo de outras atividades basilares dessa arte, os kata têm uma razão de ser que vai além da técnica, algo ligado à busca pela perfeição, ao apego aos detalhes e, sobretudo, algo ligado à cooperação, à ajuda mútua e permanente com vistas ao desenvolvimento individual e, indissociavelmente, coletivo.

Vale reforçar que o judô não tem como finalidade primordial forjar campeões, embora as conquistas sejam tão comemoradas e sirvam para despertar o interesse de muitos pelo judô. Se, ao chegar a uma academia, as pessoas, em sua maioria, esperam repetir os feitos dos grandes competidores, ao iniciarem os treinos, quase sempre, descobrem que encontraram muito mais, que encontraram uma escola de educação moral e formação ética capaz de lapidar cidadãos que agregarão conhecimento, dinamismo e trarão prosperidade à sociedade em que se inserem.

O kata, pode-se dizer, é um símbolo do valor moral e ético do judô, cuja contribuição social é imensurável, sobretudo em um país com tantas carências, com tantos órfãos da boa conduta, como o Brasil. A vivência nos mostra que as maiores conquistas deste esporte não são os pódios olímpicos, mas as inúmeras vidas que tiveram suas rotas corrigidas pelas mãos de um judoca.

Não por acaso, mais do que encontrar o judô em academias, é possível vê-lo como atividade essencial em clubes esportivos e como parte integrante da grade curricular de muitas escolas, cuja tradição no ensino não deixa dúvidas sobre a validade do esporte na formação das pessoas.

Histórico em competições
Acompanhe o histórico das competições ao longo dos anos

Em Mundiais Sênior

2003 – Osaka/Japão
Mario Sabino (meio-pesado/bronze);
Edinanci Silva (meio-pesado/bronze);
Carlos Honorato (médio/bronze).

2005 – Cairo/Egito
João Derly (meio-leve/ouro);
Luciano Corrêa (meio-pesado/bronze).

2007 – Rio de Janeiro/Brasil
João Derly (meio-leve/ouro);
Tiago Camilo (meio-médio/ouro);
Luciano Correa (meio-pesado/ouro);
João Gabriel Schilittler (pesado/bronze).

2010 – Tóquio/Japão
Mayra Aguiar (meio-pesado, prata);
Leandro Guilheiro (meio-médio, prata);
Leandro Cunha (meio-leve, prata);
Sarah Menezes (ligeiro, bronze).

2011 – Paris/França
Leandro Cunha (meio-leve, prata);
Rafael Silva (pesado, prata);
Sarah Menezes (ligeiro, bronze);
Leandro Guilheiro (meio-médio, bronze);
Mayra Aguiar (meio-pesado, bronze).

2013 – Rio de Janeiro/Brasil
Rafaela Silva (leve, ouro);
Érika Miranda (meio-leve, prata);
Maria Suelen Altheman (pesado, prata);
Rafael Silva (pesado, prata);
Sarah Menezes (ligeiro, bronze); e
Mayra Aguiar (meio-pesado, bronze).

2014 – Chelyabinsk/Rússia
Mayra Aguiar (meio-pesado, ouro);
Maria Suelen Altheman (pesado, prata);
Erika Miranda (meio-leve, bronze);
Rafael Silva (pesado, bronze).

2015 – Astana/Cazaquistão
Érika Miranda (meio-leve, bronze);
Victor Penalber (meio-médio, bronze).

Em Jogos Olímpicos

1972 – Munique/Alemanha

Chiaki Ishii (meio-pesado, bronze).

1988 – Seul/Coreia do Sul

Aurélio Miguel (meio-pesado, ouro).

1996 – Atlanta/EUA

Aurélio Miguel (meio-pesado, bronze);
Henrique Guimarães (meio-leve, bronze).

2004 – Atenas/Grécia

Leandro Guilheiro (leve, bronze);
Flávio Canto (meio-médio, bronze).

2012 – Londres/Inglaterra

Sarah Menezes (ligeiro, ouro);
Mayra Aguiar (meio-pesado, bronze);
Felipe Kitadai (ligeiro, bronze);
Rafael Silva (pesado, bronze).

1984 – Los Angeles/EUA

Douglas Vieira (meio-pesado, prata);
Walter Carmona (médio, bronze);
Luís Onmura (leve, bronze).

1992 – Barcelona/Espanha

Rogério Sampaio (meio-leve, ouro).

2000 – Sydney/Austrália

Tiago Camilo (leve, prata);
Carlos Honorato (médio, prata).

2008 – Pequim/China

Ketleyn Quadros (leve, bronze);
Leandro Guilheiro (leve, bronze);
Tiago Camilo (meio-médio, bronze).

2016 – Rio de Janeiro/Brasil

Rafaela Silva (leve, ouro);
Mayra Aguiar (meio-pesado, bronze);
Rafael Silva (pesado, bronze).

CAPÍTULO 2

O ENSINO DO JUDÔ

O ensino do judô é simples, mas uma imensa responsabilidade, cujo direito é – ao menos deveria ser – reservado a poucos, apenas àqueles que alcançaram a faixa preta e desenvolveram conhecimento técnico e conceitual suficiente para não o transformarem numa arma usada sem critério e de forma injustificada. O judô mergulha num universo filosófico, sem o qual todo o desenvolvimento físico pode se perder sem que se destine ao seu principal propósito: o bem-estar e a prosperidade mútua por meio do autodesenvolvimento. Tamanha responsabilidade faz com que recomendemos aos interessados em iniciar a prática de judô ou colocar um filho para fazê-lo que procurem professores faixas pretas formados por escolas respeitadas no universo do judô ligados à federação do seu estado.

Vale enfatizar que o judô não é apenas recreação, mas que, embora ao olhar ocidental possa parecer rigoroso demais quando transmitido a crianças conforme Jigoro Kano o concebeu, é em si lúdico e estimulante o suficiente para prender a atenção de pessoas de todas as idades. Se nesse ponto é uma atividade comum à maior parte das atividades recreativas, destaca-se delas na esfera educacional, já que promove a disciplina e faz com que seu praticante exercite valores que lhes serão úteis para o convívio social. Não somente as competições de judô, mas, sobretudo, o seu dia a dia tem regras claras que precisam ser seguidas para que o ambiente de treino seja harmonioso, respeitoso e proveitoso. A percepção da importância de um convívio harmonioso, baseado na troca de conhecimento, na gratidão e no respeito à hierarquia jamais poderá ser negligenciada no ensinamento do Caminho Suave.

Antes de tratarmos de alguns dos principais pontos do ensino do judô, é fundamental explicar que a arte marcial se constitui em um todo homogêneo que só pode ser transmitido de maneira integral. Aliás, vale aqui descrever, mesmo que de forma breve, a estrutura básica de uma aula de judô, mas não sem antes esclarecer que não temos nesta obra a intenção de transmitir conhecimento suficiente para que o leitor, ao concluir sua leitura, sinta-se no direito de dizer-se um profundo conhecedor da disciplina. Embora a leitura seja um complemento importante no processo de aprendizado do judô; reiteramos que a única maneira de aprender essa arte marcial seja por meio dos treinamentos; muito treinamento.

Estrutura básica de uma aula

Uma aula de judô se constitui, grosso modo, do aquecimento, que inclui uma corrida de cinco a dez minutos, alongamento e uma porção de exercícios que trabalhem a musculatura e as articulações de braços, pernas, ombros, pescoço, abdômen, pés e mãos. O aquecimento do judô é feito de exercícios de inúmeras naturezas e em muitos casos incorpora aspectos lúdicos e exige a interação entre os alunos. Isso significa que, embora o aquecimento possa ser realizado individualmente, é normal que os professores intercalem atividades individuais com outras que exigem cooperação e parceria, como o "carrinho" – por meio do qual um dos judocas precisa avançar sustentando-se nos próprios braços enquanto suas pernas são mantidas em suspensão pelo companheiro.

Na sequência, os judocas devem treinar técnicas de queda (ukemi). Estas precisam ser exercitadas sempre, em todas as aulas. Acreditamos que o domínio do ukemi seja um dos fundamentos mais importantes do judô, senão o mais importante. A razão é justamente o fato de ser indispensável saber cair em um esporte que encontra nas técnicas de projeção um de seus pontos altos. O judoca que não desenvolve da melhor maneira possível seu ukemi comete um erro muito grave cujas consequências podem ser as piores possíveis caso seja submetido a uma técnica de projeção violenta. Vale reforçar o valor filosófico que o conhecimento técnico da queda traz contido em si. Segundo o próprio Jigoro Kano, só se ergue aquele que sabe cair; e a maior vitória que podemos alcançar é justamente sermos capazes de "dar a volta por cima" sempre que a vida, por alguma razão, nos derrubar (KANO, 2008).

Devidamente aquecidos e com corpo treinado para ser projetado por meio do treinamento das quedas, é hora de treinar os golpes, treinar a forma deles, aplicando-os sem, contudo, projetar o companheiro, parando-o pouco antes do desfecho do movimento, o que permite ao atleta que exercita os golpes fazê-lo repetidamente sem interrupções. A essa prática se convencionou chamar (uchikomi). Quem aplica a técnica é chamado de tori e quem recebe, de uke. Durante o uchikomi, os judocas alternam os papéis, sendo ora tori, ora uke, de maneira que se desenvolvam igualmente. No que se refere ao aprendizado técnico do judô, o uchikomi é um dos fatores mais importantes. Por isso, precisa ser realizado com o máximo de concentração. É comum os judocas trocarem algumas palavras durante a realização do uchikomi, o que, evidentemente, não é recomendável. Vale salientar que antes de o golpe ser absorvido pelo corpo, de modo que um dia possa ser aplicado automaticamente pelo judoca – quase sem pensar –, é necessário que ele seja antes aprendido racionalmente. Isso demanda concentração absoluta e interesse em compreendê-lo ao máximo, percebendo em que ponto se erra para corrigi-lo e praticá-lo corretamente, sempre.

Feito o uchikomi, ao qual também podemos chamar de treino técnico, é hora do randori (prática livre), cujo objetivo é aplicar o maior número de golpes e com o máximo de eficiência possível, enfrentado a resistência do oponente. O randori é considerado por Jigoro Kano um exercício de grande importância (KANO, 2008), já que possibilita ao praticante deparar-se com situações que demandam resposta rápida, sendo antes necessária rápida reflexão e deliberação, como na vida. Além disso, nem sempre o sucesso depende só de você. Há um adversário disposto a impedi-lo de realizar seus planos e, como se não bastasse, ainda deseja ansiosamente derrubá-lo. Para o mestre Jigoro Kano, submeter-se a um treino dessa natureza ajuda o sujeito a desenvolver capacidade de pensar rápido em soluções de problemas que não lhe dão muito tempo para refletir. Como se vê, o papel do companheiro que faz a função de oponente é muito relevante, pois quanto mais difícil ele for, mais exigirá da sua capacidade de desenvolver métodos eficientes para superar adversidades.

Ao fim do randori, uma nova série de alogamentos pode ser realizada, kata podem ser apresentados ou mesmo treino de newaza (técnicas de solo), cujo efeito é o mesmo do randori, embora as técnicas aplicadas sejam outras, tendo como propósito primordial não a projeção, mas imobilizações, chaves em articulações e estrangulamentos. É importante salientar o papel que o kata cumpre como depurador de técnicas, tanto de luta em pé quanto de solo. Contudo, eles são fundamentais porque também trazem a essência técnica do judô. São como se fossem a raiz técnica do esporte, posto que preservam a execução dos golpes conforme foram concebidos por Jigoro Kano. Sem contar que exigem de forma bem mais explícita espírito cooperativo dos judocas, já que os atletas não se opõem, completam-se. Isso, de certa maneira, explica a importância de se reservar um pedaço da aula para o treino do kata.

Para finalizar a aula, é comum os professores fazerem uma reflexão sobre a aplicação dos valores e princípios do judô. Em outras palavras, como a conduta no tatame deve ser replicada na vida. Aliás, é nossa intenção que essa aplicação prática à vida das pessoas dos valores e princípios exercitados de forma bastante lúdica por meio do judô fique clara também nestas linhas. Como dito nos exemplos acima, nas passagens obrigatórias de um treino de judô, quase todas as atividades realizadas durante uma aula têm utilidade na vida pessoal e profissional do praticante. Porém, nem sempre a realização do treino, sem uma posterior reflexão – sob o prisma dos princípios do esporte –, é suficiente para que os judocas compreendam sua utilidade para o dia a dia, o que torna a tradição oral, a conversa ao fim dos treinos tão relevante quanto o treino em si.

Vale observar que essa breve e sumarizada descrição da estrutura básica de um treino de judô suprimiu alguns aspectos que poderão ser lidos no próximo capítulo, sobretudo no subcapítulo que diz respeito às etiquetas do judô, as quais são parte indissociável de seu aprendizado, como poderão constatar.

Judô para crianças

O grande problema que identificamos hoje no ensino do judô para crianças é a cobrança excessiva de pais e professores em relação a resultados em competições. As federações estaduais fazem sua parte, proibindo competições oficiais e permitindo apenas a disputa de festivais pelas crianças, o que é uma excelente iniciativa (CASTROPIL; MOTTA, 2010). As competições precisam ser tratadas de forma mais suave para os judocas-crianças, mas não precisam ser abandonadas. Isso porque é indispensável ponderarmos que "há casos e casos", para usar uma expressão corrente e coloquial. Em outras palavras, não se pode querer que uma criança com pouco ímpeto competitivo passe a ser extremamente competitiva porque seus colegas o são e tampouco se pode fazer o contrário: sufocar o ímpeto competitivo de uma criança porque ela se diferencia das demais, menos interessadas em competições. O tratamento dessa questão deve se pautar pelo equilíbrio e pelo bom senso.

Mais adiante o leitor poderá ver que a competição desempenha papel de grande relevância no ensino do judô, mas, como tudo na vida, se acompanhada de cobrança excessiva, ao invés de bem, fará mal, mesmo às crianças que são altamente competitivas. Colocar todas as expectativas de uma criança – e a de pais e professores também – na caçamba da competição pode ser frustrante ao quadrado. Assim como privar essa faceta do espírito de uma criança pode fazê-la incompleta, infeliz. Em suma, a competição é parte do caminho suave e de qualquer outro esporte. Como tal, tem sua importância.

O leitor, então, deve-se perguntar: se não é a competição, o que mais conta para os judocas-mirins? No nosso ponto de vista, o relevante é o desenvolvimento motor, a apreensão de valores como a disciplina, o respeito à hierarquia, ao colega, o companheirismo, a solidariedade e a gratidão. O judô, para todos, mas, sobretudo, para as crianças, deve funcionar como ferramenta de diversão e educação física e intelectual. Assim, todas as etapas do processo de aprendizado precisam ser cumpridas com o máximo zelo, tanto do ponto de vista dos valores e princípios do esporte, quanto do técnico.

Aprender a cair corretamente é – como já assinalamos em outra oportunidade – uma lição que não se restringe ao tatame, é uma lição para a vida. Vale repetir que a maior vitória para um judoca, e para qualquer pessoa em geral, não é jamais perder, mas, quando derrotado, ser capaz de se reerguer e lutar pela vitória outra vez, sempre. Assim, para ser um bom judoca, é fundamental criar condições físicas e intelectuais para perseverar, para jamais desistir. E tais condições são alcançáveis quando se cultiva, desde a tenra infância, valores que sempre nos serão úteis e edificantes na vida, como gratidão, disciplina, respeito, solidariedade, autoconhecimento e a proatividade, no sentido de promover a todo o instante o bem-estar e a prosperidade mútua.

Quando não somos os que caem, mas somos os que jogam, também precisamos ter um amplo conhecimento da técnica e dos nossos limites. Tratando-se de crianças, nem todos os golpes do esporte podem ser ensinados, por três razões: grau de dificuldade, riscos ao colega e a si mesmo. Mesmo os golpes que podem ser ensinados exigem bastante depuração e zelo por parte do professor para que sejam assimilados da maneira mais correta possível pelo aluno. Quanto mais técnico o judoca, maior conhecimento do próprio corpo e do corpo do adversário ele terá, e menores serão as chances de lesão para os dois envolvidos no embate. Por isso, o compromisso com os preceitos técnicos concebidos por sensei Jigoro Kano e aprimorados pelos professores do Kodokan ao longo dos anos é de suma importância. Nada no judô foi pensado aleatoriamente e sem criteriosa análise da parte do sensei Jigoro Kano e de seus discípulos diretos. Assim, precisam ser respeitados e praticados da maneira mais pura possível.

Outro aspecto que precisa ser contemplado pelos professores de judô é a linguagem usada com as crianças. Trata-se de um público com grau cognitivo bem menor do que o dos adultos e que, para fazer-se entender por eles, é necessário entrar em seu universo, levando-lhes sempre novos conhecimentos. Dessa maneira, se a tradição oral no judô tem grande relevância para os adultos, para as crianças tem ainda mais. A narração de histórias de judocas ou do judô que podem ser traduzidas para o cotidiano dos pequenos, de modo a servir-lhes de lição e inspiração, é uma ferramenta insubstituível e eficaz na transmissão dos valores da arte marcial para as crianças. Geralmente, ao serem ensinadas, as técnicas precisam vir acompanhadas de histórias que ilustrem bem sua aplicação prática e o paralelo existente entre ela e a vida.

Esse conhecimento do porquê das técnicas também vale para outros aspectos do convívio no tatame. A repreenda, por exemplo, embora não deva ser descartada, precisa vir sempre acompanhada de uma explicação muita clara de sua razão e deve ser dada com brandura, sem deixar de ser firme. Não se pode censurar, ralhar, corrigir sem, contudo, mostrar com clareza a razão da repreenda que é dada. Ainda assim, a experiência nos mostra que as repreensões costumam ser menos eficazes no ensino do judô para crianças do que os elogios. As crianças respondem muito melhor aos elogios do que às repreendas. É mais fácil conseguir com que elas incorporem os valores e as práticas de vida propaladas pelo judô pelo estímulo do que pela cobrança. Assim, vale mais elogiar a atitude correta de um jovem aluno do que repreendê-lo quando ele erra.

Este capítulo e, sobretudo, este subcapítulo é importante porque, nos dias em que vivemos, o ensino às crianças é bem mais difícil do que já o foi em outras épocas – ao menos é o que constatamos em nossa própria experiência. A satisfação imediata de todas as vontades, a ausência de responsabilidades e deveres, deixando-lhes apenas os direitos, faz com que algumas crianças se choquem contra os princípios do judô, ao menos num primeiro momento. Mas com o passar do tempo e com a ajuda dos pais, as crianças notam o ganho que o esporte lhes traz em termos de autonomia perante os adultos. Além da integração e do treinamento do espírito colaborativo, tornando-as mais sociáveis e mais orgulhosas de si mesmas, na mesma proporção em os pais passam a orgulharem-se mais delas também.

Alguns dos leitores devem indagar-se sobre até que ponto uma criança dispõe de responsabilidade suficiente para aprender uma arte marcial, e essa indagação é mais do que pertinente. Contudo, a melhor resposta a isso é justamente outra pergunta: quantos casos de jovens metidos em brigas e desordem social de que você já teve notícias envolviam praticantes de judô? São raros. Até porque a conduta do judoca é mais importante do que sua evolução técnica em qualquer situação. Acreditamos piamente que um indivíduo que não zela por uma conduta respeitosa ao próximo deixa de praticar judô por falta de afinidades com a arte. Como num processo de seleção natural, ele passa a não ser mais aceito pelos colegas judocas e passa a não mais aceitá-los também.

Para adolescentes

Se para as crianças todo o cuidado com a cobrança em relação às competições é pouco, com os adolescentes não é diferente. Porém, no caso dos adolescentes, a competição passa a ter um papel bem mais importante. A razão é simples: é justamente na adolescência que começamos a largar da saia da mãe e da barra da calça do pai para tomarmos o volante da nossa própria vida. É um momento de testes em que a autoafirmação e autoconfiança precisam ser encontradas, e a capacidade e disponibilidade para se pôr à prova é um ato de coragem que precisa ser em si reconhecido. Seguramente, os resultados alcançados são importantes, mas mais relevante, nesse caso, é a disposição em se pôr à prova. Essa coragem, de certa forma, servirá para mostrar ao próprio adolescente o quão capaz ele é de vencer adversidades, sobretudo adversidades psicológicas que ele mesmo se impõe.

O fato de ser a adolescência um momento de cisma do cordão umbilical psicológico que liga os filhos aos pais e de ao mesmo tempo trazer consigo uma grande efervescência hormonal, que geralmente dota os jovens de um ímpeto e um furor competitivo, faz com que a competição seja quase imprescindível nesse período. Se não bastasse, esse instante natural de ruptura do elo de dependência dos filhos com os pais – que até aquele momento ocupavam o topo do pódio dos heróis das fantasias de seus rebentos – exige que novas referências, novos heróis lhes sirvam de guia pela árida e desafiadora realidade, que, a partir desse ponto da vida, cada vez mais sentirão na pele. É então que os grandes ídolos do esporte cumprem seu papel social, servindo de referência de conduta a inúmeros jovens que sonham em ser tão bem-sucedidos quanto eles.

Decerto, muitos jovens começam a fazer judô depois de acompanharem uma Olimpíada em que viram um grande atleta sagrar-se campeão após vencer de forma inapelável todas as lutas que disputou. Na cabeça do jovem, que por alguma razão se identificou com os golpes, com o esporte em si por meio daquele atleta, ser feliz e respeitável é ser como ele, como seu ídolo. Por isso, na nossa maneira de ver, cabe ao grande campeão, tanto quanto ou até mais do que aos demais judocas, o respeito integral aos valores do judô, servindo de exemplo aos seus fãs não apenas no discurso, mas nos atos. Afinal, todo dom vem acompanhado de uma responsabilidade de iguais dimensões.

Dessa forma, muitos adolescentes aportam no judô em busca de títulos e glórias e descobrem algo que podemos considerar muito maior do que isso. Já aqueles que desde a infância praticam judô, nem por isso são diferentes de outros adolescentes. Quando chegam a essa fase, encontram as mesmas inseguranças dos demais e precisam mostrar a si mesmos que são capazes de vencer os obstáculos da vida sozinhos, já que brevemente não poderão mais depender da boa vontade dos pais e precisarão caminhar com as próprias pernas.

Em suma, a competição tem um papel benéfico na formação de ídolos e referências, além de cumprir papel educativo como laboratório da vida e de seus obstáculos. O esforço para ganhar uma competição não apenas é físico e técnico, é ainda mais intelectual. É pouco provável que alguém seja bem-sucedido numa competição sem antes se preparar adequadamente; sem procurar saber a respeito dos pontos fortes e fracos dos adversários que possivelmente enfrentará; sem desenvolver táticas de luta flexíveis, adaptáveis aos diferentes tipos de rivais; sem burilar, exaustivamente, um golpe ao qual seu biótipo se alinhe melhor; e sem conhecer os seus próprios pontos fracos.

Guardadas as devidas proporções, quando nos preparamos para a realização de um vestibular, para uma entrevista de emprego, questões semelhantes são observadas. Nessas situações, somos igualmente postos à prova, expostos ao olhar crítico dos expectadores; lidamos com adversários que tentam ser melhores do que nós; deparamo-nos com rivais altamente qualificados com os quais disputaremos a única vaga na corporação; deparamo-nos com adversários igualmente qualificados contra os quais disputaremos o topo do pódio, onde também só cabe um.

Por isso, o treinamento de judô para adolescentes precisa contar com uma carga de energia e reflexão sobre o valor da competição maior do que a contida no treinamento do judô para as crianças, por exemplo. Ao mesmo tempo, essa discussão precisa contemplar as regras e a importância de as competições, as disputas em geral, respeitarem os limites preestabelecidos. Assim como na vida, onde nossos esforços pela vitória não podem, de modo algum, desrespeitar os limites dos valores éticos, morais e de lealdade, no judô temos de ter em mente que não devemos fazer aos nossos adversários o que não gostaríamos que fizessem conosco; é fundamental que respeitemos suas regras.

Para adultos

O leitor deve ter notado que os benefícios da competição e do judô, de um modo geral, servem a muito mais pessoas do que apenas às crianças e, ainda mais, aos adolescentes. Embora menos sensíveis às situações desafiadoras da vida, em virtude do calo psicológico que a experiência costuma conferir, os adultos também encontram nas competições e no treinamento do judô material para melhorarem sua autoestima e sua capacidade para encarar situações adversas na vida profissional e pessoal. Além disso, têm no judô um esporte completo, que exercita tanto aspecto aeróbio, quanto anaeróbio e confere maior longevidade ao corpo por meio de exercícios bastante abrangentes, incluindo alongamento, que prepara o corpo para competições no tatame e fora dele.

Aliás, nesse ponto, vale um parêntese: o judô é uma ferramenta completa no sentido de preparar o sujeito para o dia a dia, ainda mais quando a rotina profissional exige cada vez mais das pessoas, submetendo-as a condições de pressão psicológica e falta de tempo para o sossego da mente. Uma aula de judô para ser aproveitada ao máximo pede imersão completa do praticante, o que significa afastar-se de outros problemas. Ao mesmo tempo, é sabido que situações de estresse exigem não apenas da mente, mas também do corpo. Assim, estar bem do ponto de vista físico é indispensável para que a rotina estressante não se transforme em sérios problemas de saúde. Por fim, como escrito no primeiro capítulo desta obra, o judô não é apenas alimento para o corpo. Por meio dele, não ficamos somente mais fortes fisicamente. É também nutriente para o espírito e para o intelecto, tornando-nos mais serenos diante de situações extremas.

Talvez por isso não seja incomum que pessoas já com mais de 40 anos procurem academias de judô. Há muitos casos de adultos que o praticaram na infância e na adolescência, mas que desistiram porque na ocasião não conseguiram desenvolver interesse necessário para seguir em frente ou por qualquer outra razão. Porém, os benefícios físicos e mentais alcançados na ocasião, mesmo que naquele primeiro momento parecessem insignificantes, mais adiante se reacendem com uma chama mais vigorosa e o sujeito se sente impulsionado a retomar os treinos.

Embora muitos acreditem que o judô seja um esporte de crianças e adolescentes, essas pessoas que o procuram depois da maturidade estão aí para provar que se trata de uma atividade realmente para vida toda – como já dissemos, judô pode ser traduzido como caminho suave (de vida). Mesmo aqueles mais apaixonados pela sensação de competir do que pelos benefícios físicos e mentais que o treino do judô proporciona encontram no esporte razões para praticá-lo toda a vida. Aqui mais uma vez retomamos a força do kata, que depende bem menos do vigor do que da técnica para ser praticado. Aliás, o aprimoramento técnico, por meio da prática de kata, e o condicionamento físico de forma mais suave, dependendo das limitações físicas impostas pela idade, podem ser o foco do treinamento dos judocas com mais idade. Não é incomum vermos pessoas à beira dos 60 anos competirem em eventos internacionais de kata e obterem resultados espantosos diante de jovens adversários.

De fato, o judô não tem idade para ser aprendido e tampouco para ser ensinado. Além dos aprendizados filosóficos, além dos ganhos físicos e mentais, a pessoa com mais idade que passa a praticar judô encontra nova fonte de satisfação. Aumentar o domínio do próprio corpo e se ver capaz de coisas que antes de praticá-lo se julgava incapaz são maneiras de elevar a autoestima. Ao mesmo tempo, quando nos considerarmos homens melhores que os outros, porque profissionalmente nos destacamos e tendemos a extrapolar nosso sucesso numa esfera da vida para todas as demais, o judô se mostra bastante útil para devolver-nos a humildade e mostrar que o sentido da existência não é ser melhor do que os outros. O sentido da vida é ser melhor do que si mesmo; ser melhor hoje do que se foi ontem e melhor amanhã do que se é hoje, e assim sempre.

Concluímos este capítulo cientes de que muito mais e de forma mais detalhada se poderia escrever, posto que o conhecimento do judô parece não ter fim – quem o pratica bem o sabe – e, sendo assim, seu ensino é igualmente infinito. Contudo, esperamos que estas páginas tenham munido o leitor do conhecimento da essência do esporte, de modo que passe a vê-lo com ainda mais admiração.

CAPÍTULO 3

KATAME-NO-KATA

KATAME-NO-KATA

O katame-no-kata pode ser entendido como "técnicas fundamentais de luta no solo", pois se constitui de técnicas tradicionais para esse tipo de situação, dividindo-se em três séries, cada uma composta por cinco golpes. A primeira é formada por técnicas de imobilização, a segunda, estrangulamento, e a terceira, chaves em articulações.

Assim, os primeiros cinco golpes são todos osae-waza (técnicas de imobilização):

- Kesa-gatame
- Kata-gatame
- Kami-shiho-gatame
- Yoko-shiho-gatame
- Kuzure-kami-shiho-gatame

A segunda é composta por golpes de shime-waza (técnicas de estrangulamento):

- Kata-juji-jime
- Hadaka-jime
- Okuri-eri-jime
- Kataha-jime
- Gyaku-juji-jime

A terceira, por kansetsu-waza (técnicas de chaves em articulações):

- Ude-garami
- Ude-hishigi-juji-gatame
- Ude-hishigi-ude-gatame
- Ude-hishigi-hiza-gatame
- Ashi-garami

Saudação

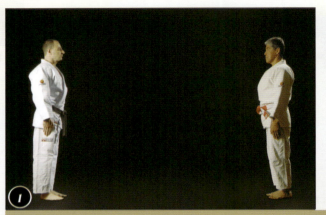 

1 e 2 – O tori, do lado direito do joseki (local onde ficam as autoridades), e o uke realizam o ritsu-rei, saudação em pé, para entrar na área de apresentação. Depois, os judocas avançam simultaneamente até estabelecerem entre si uma distância de 6 metros.

3 – Tori e uke se viram para o joseki e fazem ritsu-rei.

4 e 5 – Tori e uke voltam a ficar de frente um para o outro, assumem a posição de seiza e realizam o za-rei.

KATAME-NO-KATA   27

6, 7 e 8 – Tori e uke se põem de pé em chyokuritsu, avançam sincronizadamente a perna esquerda, depois a direita e se posicionam em shizen-hontai.

Osae-waza

Kesa-gatame

1 – Tori e uke ajoelham a perna esquerda no tatame e depois abrem a perna direita para a diagonal direita, mantendo a mão direita na lateral interna do joelho direito e a esquerda na lateral do corpo, geralmente na coxa – essa postura se chama kyoshi. Vale lembrar que os judocas precisam manter a sola dos dedos do pé esquerdo no tatame e o calcanhar levantado, assim como o joelho esquerdo precisa estar na mesma linha do calcanhar direito.

2 – O uke traz a perna direita a sua frente e dá um passo, avançando primeiro a perna direita, cujo pé deve ser arrastado no tatame, e depois a perna esquerda, cujo joelho deve ser arrastado no tatame – esse movimento se chama shikko.

3 – Feito o passo, o uke abre novamente a perna direita para a diagonal direita.

4, 5, 6 e 7 – O uke coloca a mão direita à frente do seu joelho esquerdo, traz a perna direita por baixo do braço direito e se deita de costas com a cabeça voltada para o tori. Deitado, o uke deve manter a perna esquerda flexionada, com a sola do pé colada ao tatame e o dedão do pé encostado no calcanhar do pé direito.

8 – O tori se levanta na posição de shizen-hontai.

9 – Mantendo a postura ereta, o tori vira o pé direito apontando-o para a diagonal direita, para caminhar em direção à lateral direita do uke.

10 e 11 – O tori se movimenta em suri-ashi e se posiciona a uma altura entre a faixa e o tronco do uke, a uma distância de 1,20 metro. Essa distância é chamada de toma, que quer dizer "distante".

12, 13 e 14 – O tori se posiciona em kyoshi. Depois, avança dois passos em shikko e chega a uma distância de 30 centímetros do uke – essa distância se chama chikama, que significa "próximo".

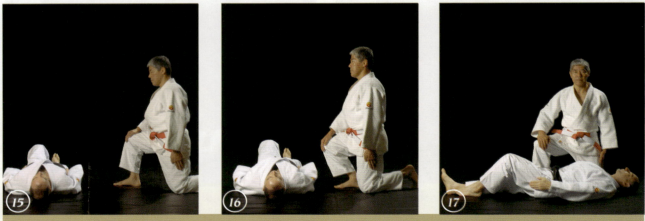

15, 16 e 17 – O tori avança mais um pequeno passo, para completar a aproximação.

KATAME-NO-KATA 31

18, 19, 20 e 21 – O tori segura o braço direito do uke, com as duas mãos, coloca-o sob sua axila esquerda, segura a manga do uke com a mão esquerda. Em seguida, coloca a mão direita sob a axila esquerda do uke e firma a mão espalmada no ombro dele, realizando o kesa-gatame. Após finalizá-lo, o tori dá um tranco, que funciona como sinal para que o uke inicie as tentativas de escapar da imobilização.

22, 23 e 24 – O uke vira o corpo para sua direita, coloca a mão direita no cotovelo esquerdo do tori e depois a mão esquerda sobre sua própria mão direita para tentar escapar trazendo o tori por sobre sua cabeça e, ao mesmo tempo, aplicando uma chave de braço. O tori avança a perna esquerda na direção da cabeça do uke e firma a sola do pé esquerdo no tatame contendo o movimento de saída do uke.

25 – O uke se aproveita do espaço criado entre as pernas do tori, em razão de seu movimento de defesa, e tenta colocar o joelho direito nesse espaço, mas o tori bloqueia esse movimento, sentando na posição de kesa gatame.

26 e 27 – O uke, em mais uma tentativa para escapar, segura a faixa do tori com a mão esquerda e coloca a mão direita espalmada no abdômen dele e tenta virá-lo para o seu lado esquerdo, passando-o por cima de si. Para conter o movimento do uke, o tori espalma a mão direita – que estava no ombro – no tatame, ao lado do uke.

28 e 29 – Após as três tentativas, o uke bate em desistência (maita). Tori volta, trazendo consigo o uke, à posição inicial.

Kata-gatame

1 e 2 – Terminado o kesa-gatame, o tori recua um passo e mantém posição de chikama. Para iniciar o kata-gatame, o tori avança um passo para completar a aproximação.

3 e 4 – O tori segura o braço direito do uke com as duas mãos e o coloca em cima do rosto do próprio uke.

5, 6 e 7 – O tori envolve o pescoço e o braço do uke com o braço direito, segura uma mão na outra, abaixa a cabeça junto ao rosto do uke, mantém o joelho direito colado na altura da faixa do uke e a sola dos dedos do pé colada ao tatame. O pé esquerdo precisa estar firme ao tatame e na mesma linha da cabeça do uke.

8 e 9 – Para tentar escapar, o uke fecha a mão direita, envolve-a com a esquerda, cujo braço a empurra, de modo a afastar a cabeça do tori com o cotovelo direito. Ao mesmo tempo em que faz o movimento com os braços, o uke gira o corpo à direita para realizar o movimento de forma mais eficiente. Por sua vez, o tori encosta o joelho esquerdo no tatame, para bloquear a tentativa de saída.

10 – Numa segunda tentativa de escapar, o uke recua o quadril, para abrir espaço entre ele e o tori, onde tenta introduzir o joelho direito. Para se defender, o tori muda para a posição de kesa-gatame.

KATAME-NO-KATA 35

11 e 12 – O uke afasta a perna para a esquerda e tenta virar uma cambalhota para trás apoiando a mão esquerda no quadril, que auxilia no movimento. O tori volta à posição e estende a perna para bloquear a tentativa de escapar do uke.

13 e 14 – Após as três tentativas, o uke bate em desistência (maita). Tori volta, trazendo consigo o uke, à posição inicial.

Kami-shiho-gatame

1 e 2 – Terminado o kata-gatame, o tori assume a posição de chikama, depois a posição de toma para em seguida ficar em pé e caminhar em direção à cabeça do uke, onde se posicionará.

3, 4 e 5 – O tori assume a posição de kyoshi e distância de toma. Em seguida, avança em shikko para a distância de chikama.

6, 7 e 8 – O tori avança mais um passo para completar a aproximação, apoia os dois joelhos no tatame e, com as duas mãos voltadas para baixo, desliza-as por baixo dos braços do uke para em seguida segurar na faixa pelos lados. Ao fim desse movimento, o tori abaixa o quadril e coloca o peito dos pés no tatame.

9 e 10 – O uke força o tori para a sua direita com o braço esquerdo e girando o corpo. Em seguida, aproveita a reação do tori e, segurando o próprio punho direito com a mão esquerda, tenta jogá-lo para o seu lado esquerdo, girando o corpo. O tori levanta o joelho esquerdo e firma o pé no tatame criando um bloqueio à tentativa de escapatória do uke.

11 e 12 – O uke aproveita o espaço criado pelo movimento de defesa do tori, para tentar passar seu braço esquerdo por baixo do peito do tori e depois virar o corpo todo para a sua direita. O tori, por sua vez, abaixa o joelho, posicionando-se à diagonal direita, para evitar que o uke escape.

13 – O uke coloca as duas mãos no ombro do tori para tentar levantar a duas pernas e entrelaçar a cintura do tori. Para bloquear a ação do uke, o tori levanta as pernas e empurra o uke com sua cabeça.

14 e 15 – Após as três tentativas, o uke bate em desistência (maita). Tori volta, trazendo consigo o uke, à posição inicial.

Yoko-shiho-gatame

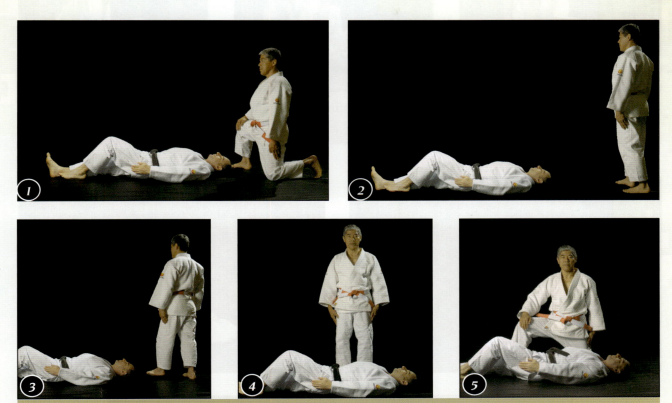

1, 2, 3, 4 e 5 – O tori recua um passo e fica à distância de chikama. Em seguida, recua mais dois passos para se posicionar à distância de toma. Depois ele se levanta, caminha para a lateral do uke e se posiciona em kyoshi e à distância de toma.

6 – Avança dois passos em shikko para a distância de chikama e, em seguida, avança mais um passo para completar a aproximação.

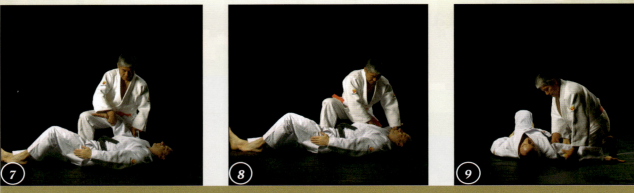

7, 8 e 9 – O tori segura o braço direito do uke com as duas mãos e o coloca ao lado de seu joelho esquerdo.

10, 11 e 12 – O tori mantém a mão direita encaixada próxima à axila direita do uke e com a mão esquerda ajeita a faixa.

KATAME-NO-KATA 41

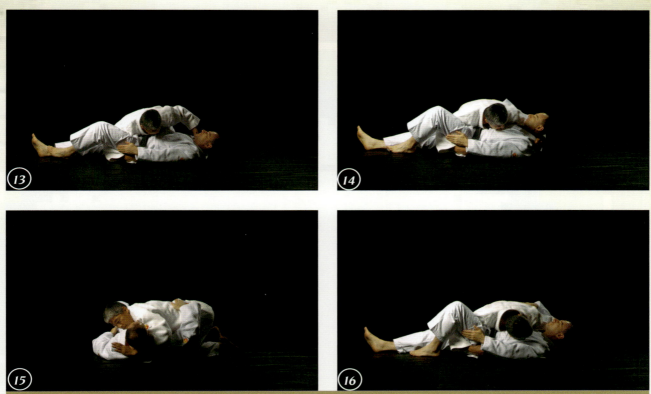

13, 14, 15 e 16 – Depois, passando o braço direito por entre as pernas do uke, o tori segura a faixa com a mão direita. Com a mão esquerda, o tori segura a gola do uke por trás do pescoço, coloca o peito do pé no tatame, abaixa bem o quadril e vira o rosto para a esquerda, rente ao corpo do uke.

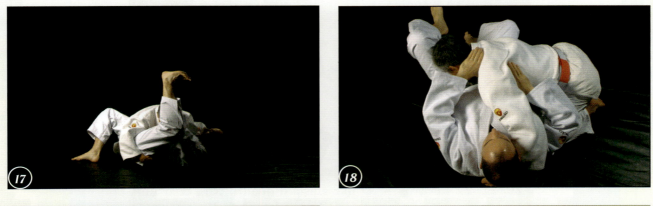

17, 18 e 19 – O uke, com a mão esquerda, empurra o pescoço do tori, para tentar enlaçá-lo com a perna esquerda. O tori abaixa bem a cabeça, para evitar que o uke consiga.

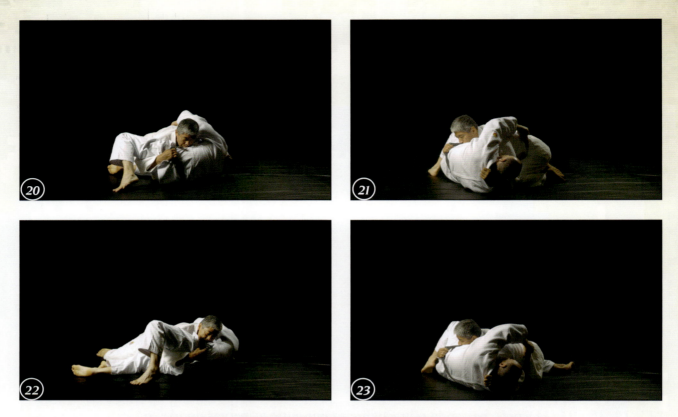

20, 21, 22, 23 e 24 – O uke afasta o quadril para criar um espaço entre ele e o tori que lhe permita encolher a perna para em seguida tentar colocar o joelho direito por baixo do abdômen do tori. Por sua vez, o tori traz a perna esquerda por baixo da sua perna direita para com o joelho bloquear a ação do uke.

KATAME-NO-KATA 43

25 e 26 – O uke coloca a mão direita no abdômen do tori, segura com a mão esquerda a sua faixa e, girando o corpo, tenta jogar o tori para a esquerda e por cima. O tori apoia a cabeça no tatame e traz a perna esquerda na altura da cabeça do uke para fazer o bloqueio.

27 e 28 – Após as três tentativas, o uke bate em desistência (maita). Tori volta, trazendo consigo o uke, à posição inicial.

Kuzure-kami-shiho-gatame

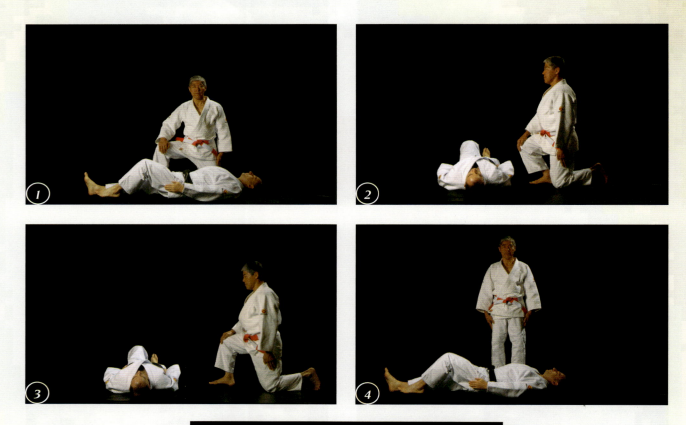

1, 2, 3, 4 e 5 – Após terminar yoko-shiho-gatame, o tori volta um passo à distância de chikama. Em seguida, recua mais dois passos, para a distância de toma, levanta-se e caminha em direção à cabeça do uke.

KATAME-NO-KATA 45

6 e 7 – O tori assume posição de kyoshi à distância de toma. Depois avança dois passos e chega à distância de chikama. Após isso, dá mais um passo para completar a aproximação. Em seguida, sai um pouco para a diagonal direita.

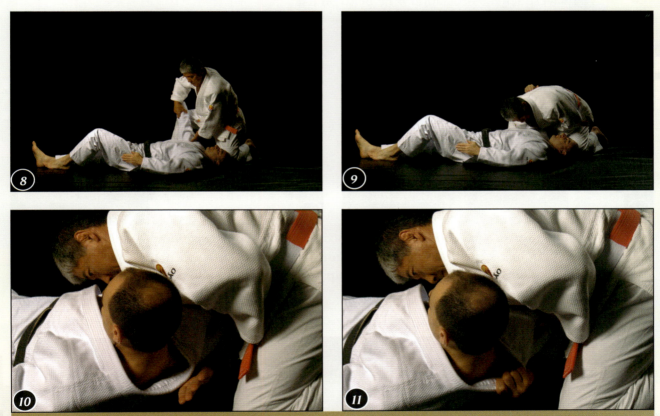

8, 9, 10 e 11 – O tori segura o braço direito do uke com as duas mãos, para em seguida envolver-lhe o braço direito com o seu braço direito, cuja mão segurará a gola do uke atrás do pescoço. Ao segurar a gola, a palma da mão direita do tori deve estar voltada para cima. Ou seja, o polegar deve segurar a parte externa do judogi, e os demais dedos, a parte interna.

12 – Para concretizar o kuzure-kami-shiho-gatame, o tori passa a mão esquerda por baixo do braço esquerdo do uke, segurando a faixa na lateral do abdômen. Ao mesmo tempo, abaixa bem o quadril, cola o peito do pé no tatame e vira seu rosto para a esquerda, encostando-o no peito do uke.

13 e 14 – O uke encaixa a mão esquerda no pescoço do tori com o polegar virado para baixo e, com o auxílio da mão direita na lateral do abdômen do tori – iniciativa que também serve para criar espaço entre os judocas, aumentando as chances de escapatória do uke –, ele tenta empurrar o tori para a direita.

15 – Sem sucesso na primeira tentativa, o uke aproveita o espaço criado entre ele o tori para tentar passar o braço esquerdo por debaixo do peito do tori e, com isso, criar condições para virar-se de bruços. Mas o tori abaixa bem o peito e, mais uma vez, frustra a tentativa do uke.

KATAME-NO-KATA 47

16 e 17 – O uke segura a faixa do tori com a mão esquerda, depois de passar o braço por cima do ombro esquerdo do oponente. Simultaneamente, espalma a mão direita no abdômen do tori e tenta jogá-lo para a sua esquerda, utilizando a força dos braços e o giro do seu corpo. Contudo, o tori firma a perna esquerda no tatame, na mesma linha da cabeça do uke, impedindo-o de escapar. Não obtendo êxito, o uke realiza o maita.

18 e 19 – Terminada a ação, o tori volta à posição inicial trazendo consigo o uke.

Transição – Para encerrar a primeira série de golpes do katame-no-kata, o tori, mantendo a posição de kyoshi, recua um passo para a distância de chikama e, em seguida, mais dois para a distância de toma. Enquanto o tori recua, o uke também assume a posição de kyoshi, após se erguer apoiando-se no braço direito. Tori e uke arrumam o judogi para dar inicio à série de shime-waza.

Shime-waza

Kata-juji-jime

1 – Após arrumar o judogi, tori e uke estão de frente um para o outro em posição de kyoshi.

2 – Em seguida, o uke apoia a mão direita no tatame, à frente de si, e deita com a cabeça voltada para a direção do tori.

3, 4, 5, 6 – O tori se levanta, caminha para a direita do uke e assume posição de kyoshi, à distância de toma.

KATAME-NO-KATA 49

7, 8, 9, 10 e 11 – Em seguida, avança dois passos em shikko para a distância de chikama e, logo após, dá um terceiro passo para completar a aproximação.

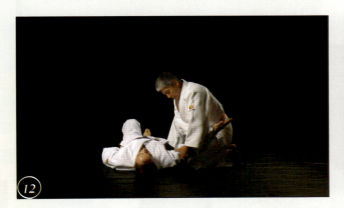

12, 13 e 14 – O tori segura o braço direito do uke com as duas mãos e o coloca do seu lado esquerdo. Encaixa a mão direita na axila do uke e traz o joelho esquerdo junto à costela dele. Ao mesmo tempo, segura a gola esquerda do uke, com firmeza, com a mão esquerda – o polegar na parte externa do judogi e os demais dedos na interna.

15, 16 e 17 – Em seguida, com a mão direita, o tori leva o braço esquerdo estendido do uke até a linha do ombro, passa a perna direita sobre o abdômen e o braço direito sobre a cabeça do uke, agarrando-lhe pela gola direita com a mão direita, com o polegar por dentro e os demais dedos por fora.

18, 19 e 20 – O tori puxa com os dois braços a gola do uke para si e, em seguida, abaixa o tronco, realizando o shime. O uke apoia as duas mãos no antebraço do tori, flexiona as duas pernas e eleva o abdômen – faz a "ponte" – para tentar se defender. Sem êxito, realiza o maita.

21, 22 e 23 – Ao fim do movimento, tori e uke voltam à posição inicial.

Hadaka-jime

1 – O tori recua para a distância de chikama, num primeiro momento, para logo em seguida recuar novamente e ficar à distância de toma. Em seguida, o tori se levanta – enquanto isso, o uke se senta no tatame – e se dirige para as costas do uke, à distância de toma, colocando-se de frente às costas dele.

2, 3, 4 e 5 – Em seguida, o tori se ajoelha, readquirindo posição de kyoshi, avança dois passos, até guardar a distância de chikama, para depois completar a aproximação com mais um passo.

KATAME-NO-KATA 53

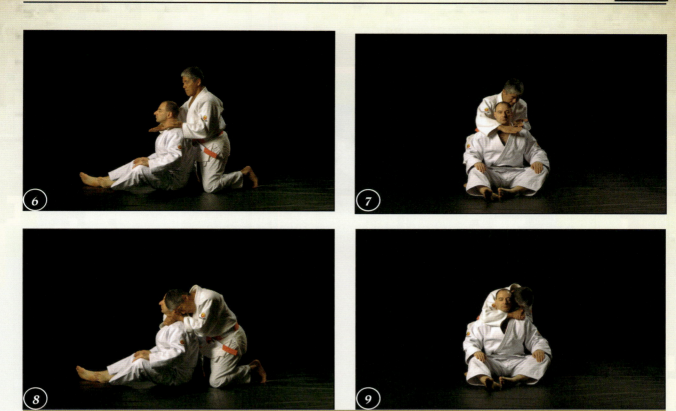

6, 7, 8 e 9 – Então, o tori envolve – "engravata" – com o braço direito o pescoço do uke, coloca a mão esquerda acima do ombro direito dele, segura uma mão na outra e abaixa a cabeça rente à orelha do uke.

10, 11, 12 e 13 – O tori afasta a perna esquerda e depois a direita para fazer o kuzushi, reclinar o dorso do uke e realizar o estrangulamento. O uke, por sua vez, segura o antebraço ou a manga direita do tori com as duas mãos para tentar se defender. Sem êxito, faz o maita, batendo o pé direito no tatame.

14 – O tori volta à posição inicial, trazendo junto o uke.

Okuri-eri-jime

1 e 2 – O tori recua à distância de chikama e se posiciona em kyoshi, para em seguida dar um passo para completar a aproximação.

3 e 4 – Devidamente posicionado, o tori passa a mão esquerda por baixo da axila esquerda do uke e lhe segura a gola esquerda, ajustando-a para a próxima etapa do movimento.

5, 6 e 7 – O tori envolve o pescoço do uke com o braço direito, segurando-lhe a gola esquerda. Depois muda a mão esquerda da gola esquerda para a gola direita.

8 e 9 – O tori, então, recua a perna esquerda depois a direita, puxando a gola esquerda para dentro e para cima e a direita para baixo, realizando o estrangulamento.

10 – O uke segura a manga direita do tori com as duas mãos e a puxa para baixo, na tentativa de anular a ação do oponente. Sem obter êxito, faz o maita, batendo o pé direito no tatame.

11 – Tori e uke voltam à posição inicial.

KATAME-NO-KATA 57

Kataha-jime

1 e 2 – O tori recua à distância de chikama e se posiciona em kyoshi para, em seguida, dar um passo para completar a aproximação.

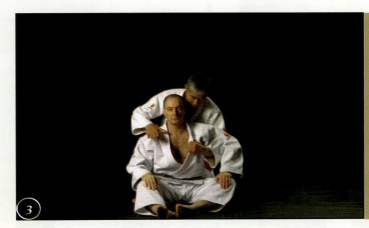

3 – O tori passa a mão esquerda por baixo da axila esquerda do uke e lhe segura na gola esquerda para ajustá-la à próxima etapa do movimento.

4 e 5 – Em seguida, o tori envolve o pescoço do uke com o braço direito e lhe segura a gola esquerda.

6, 7, 8, 9 e 10 – O tori então desliza o braço esquerdo da axila até o antebraço esquerdo do uke para, em seguida, levar sua mão esquerda à nuca do uke, encaixando-a sob seu próprio cotovelo direito.

11 e 12 – O tori afasta lateralmente sua perna direita, criando espaço para realizar o shime, gira o tronco para a direita e puxa a gola do uke na mesma direção, estrangulando-o. O uke, por sua vez, segura com a mão direita o próprio punho esquerdo, puxando-o para baixo, na tentativa de impedir o estrangulamento.

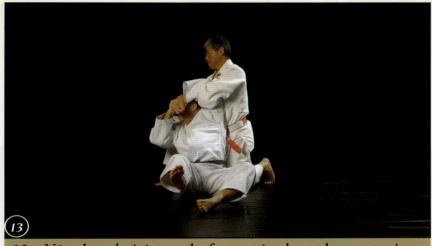

13 – Não obtendo êxito, o uke faz o maita, batendo com o pé direito no tatame.

14 – Tori e uke voltam à posição inicial.

Gyaku-juji-jime

1, 2, 3 e 4 – O tori recua para a distância de chikama, num primeiro momento, para posteriormente recuar novamente e ficar à distância de toma. Em seguida, o tori se levanta, enquanto o uke se deita no tatame.

KATAME-NO-KATA 61

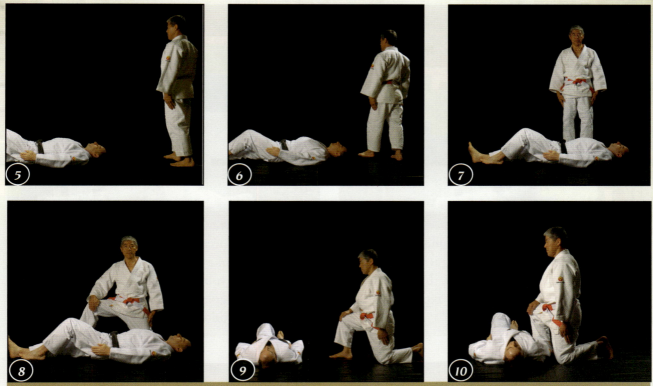

5, 6, 7, 8, 9 e 10 – O tori se dirige à lateral direita do uke, posiciona-se em kyoshi, assume a distância de toma, avança para chikama e depois avança mais um passo para concluir a aproximação.

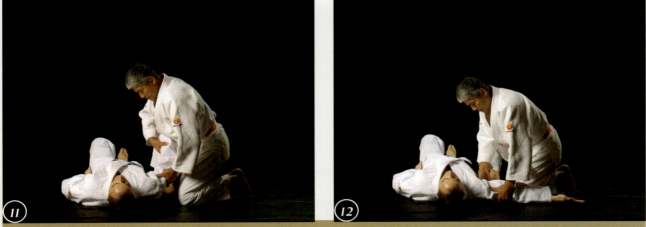

11 e 12 – O tori segura o braço direito do uke com as duas mãos, coloca-o à sua esquerda e desliza sua mão direita até encaixá-la na axila direita do uke, com o polegar voltado para cima.

13 – O tori encosta o joelho esquerdo na parte superior da costela do uke e segura com a mão esquerda a gola esquerda dele. É importante observar que o polegar segura a parte externa da gola.

14 – Com a mão direita, o tori leva o braço esquerdo do uke até a linha do ombro; passa a perna direita sobre o abdômen e segura com a mão direita a gola direita do uke, com o polegar para fora do judogi.

15 – O tori puxa as golas do uke em sua direção, abaixando o tronco.

16 – O uke coloca a mão direita na parte externa do cotovelo esquerdo do tori, e a mão esquerda no cotovelo direito dele e gira para a direita, fazendo com que ambos fiquem de lado. O tori impede a tentativa de escapatória do uke, entrelaça as pernas, puxa as golas do uke em sua direção e realiza o shime. O uke faz o maita.

KATAME-NO-KATA 63

17, 18 e 19 – O tori volta à posição inicial de kyoshi, guardando a distância de chikama e posteriormente a de toma.

Transição – O tori recua um passo para a chikama e depois mais dois passos para a distância de toma. O uke apoia a mão direita no tatame, assume a posição de kyoshi. Ambos arrumam o judogi e se preparam para a próxima série.

Kansetsu-waza

Ude-garami

1, 2 e 3 – Ambos em kyoshi, de frente um para o outro, iniciam o novo movimento. O uke apoia a mão direita no tatame para, em seguida, se deitar de costas. O tori, por sua vez, abandona a posição de kyoshi para se pôr em pé à cabeça do tori.

4, 5, 6, 7 e 8 – O tori se dirige para a lateral direita do uke e se põe em kyoshi, à distância de toma.

KATAME-NO-KATA 65

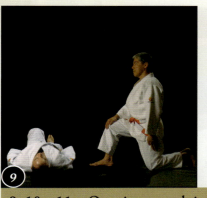  

9, 10 e 11 – O tori avança dois passos, para a distância de chikama, e completa a aproximação com mais um passo.

12, 13 e 14 – Para iniciar o golpe, o tori segura o braço direito do uke com as duas mãos e o coloca à sua esquerda.

15 – O uke ergue a mão esquerda e o tronco lateralmente com o intuito de pegar a gola direita do tori.

16 – O tori se antecipa à conclusão do movimento pegando-lhe no punho esquerdo com o braço esquerdo e entrelaçando com o braço direito. A mão direita do tori segura firmemente o seu próprio antebraço esquerdo.

17 – Projetando-se sobre o tronco do uke, o tori aplica a chave em seu braço esquerdo. O uke firma ambos os pés no tatame e ergue o abdômen, tentando escapar por meio da realização da ponte.

18 – Sem êxito na tentativa de escapatória, o uke faz o maita, batendo com a mão direita nas costas do tori.

19 – Tori e uke voltam à posição inicial.

Ude-hishigi-juji-gatame

1 – O tori recua um passo para a distância de chikama e assume a posição de kyoshi. Depois avança um passo para completar a aproximação.

2, 3, 4 e 5 – O uke então eleva o braço direito com o propósito de segurar a gola esquerda do tori, que se antecipa ao movimento, segurando-lhe o braço com ambas as mãos na altura do punho.

  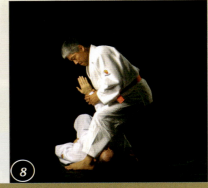

6, 7 e 8 – Imediatamente após apanhar o braço direito do uke, o tori encaixa a perna direita na axila do uke e passa a perna esquerda por sobre a cabeça dele, firmando a sola no tatame, com o calcanhar rente ao pescoço do uke.

9, 10 e 11 – O tori deita para trás, aproxima um joelho do outro e aplica a chave. O uke tenta escapar afastando a perna esquerda primeiro, e a direita, a seguir, para o lado esquerdo, fazendo na sequência uma ponte. Mas sem êxito. O uke faz o maita.

12 e 13 – Tori e uke voltam à posição inicial.

Ude-hishigi-ude-gatame

1 – O tori recua um passo para a distância de chikama e assume a posição de kyoshi. Depois avança um passo para completar a aproximação.

2 – O tori pega o braço direito do uke com as duas mãos e o coloca à sua esquerda.

3 e 4 – O uke vira o corpo para a direita e ergue o braço esquerdo, tentando agarrar a gola direita do tori, que lhe prende a mão entre a cabeça e o ombro, dobrando o pescoço.

3, 4 e 5 – Simultaneamente, o tori, cujo joelho direito está encostado no abdômen do uke, espalma a mão direita no cotovelo do uke e a esquerda sobre as costas de sua própria mão direita e pressiona para dentro a articulação do uke com ambas as mãos. Sem alternativa, o uke faz o maita.

6 e 7 – Tori e uke voltam à posição inicial.

Ude-hishigi-hiza-gatame

1 e 2 – O tori recua um passo para a distância de chikama, depois mais dois, para a distância de toma. Em seguida, se levanta – enquanto o uke assume posição de kyoshi – e se dirige para frente do uke, colocando-se em posição de kyoshi novamente.

3 – O tori avança dois passos na direção do uke e depois ambos fazem o kumi-kata de direita.

4 e 5 – O tori então solta a mão esquerda da manga do uke, realiza um movimento circular com seu braço esquerdo envolvendo o braço direito do uke, prende-o sob sua axila e, para assegurar o domínio, segura com a mão esquerda na altura do cotovelo direito do uke.

KATAME-NO-KATA 73

6, 7 e 8 – Colocando o pé direito na virilha esquerda do uke, o tori deita para trás, trazendo consigo o uke.

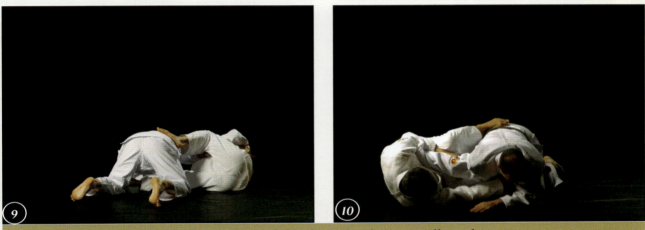

9 e 10 – Depois, coloca o pé esquerdo sobre a faixa do uke, e o joelho sobre a sua mão que segura o cotovelo, pressionando a articulação para baixo e realizando o kansetsu.

11 – O uke faz maita.

Ashi-garami

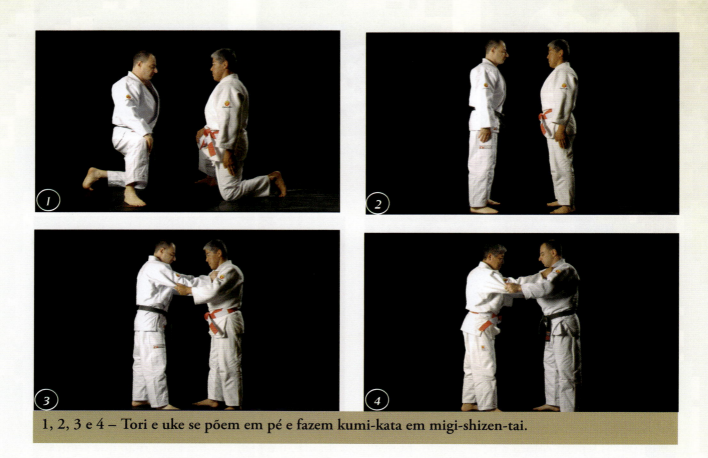

1, 2, 3 e 4 – Tori e uke se põem em pé e fazem kumi-kata em migi-shizen-tai.

5, 6, 7 e 8 – O tori avança a perna esquerda e, em seguida, aplica o tomoe-nague.

KATAME-NO-KATA 75

9, 10, 11 e 12 – O uke se defende avançando a perna direita e puxando o tori para cima, tentando recuperar sua postura. O tori aproveita este movimento e desliza para baixo do uke.

13, 14, 15 e 16 – O tori coloca o pé direito na região da coxa esquerda do uke, derrubando-o para o lado esquerdo e, simultaneamente, envolve com sua perna esquerda a perna direita dele, aplicando a chave em sua perna direita.

16 – O uke faz o maita.

17 – Ambos voltam à posição de kyoshi. O tori recua dois passos e o uke um passo, para a marca de shizen-hontai. Ambos arrumam o judogi.

Encerramento

1 – Tori e uke se levantam e mantêm a posição de shizen-hontai.

2 – Recuam um passo, para a posição de chyokuritsu – primeiro a perna direita, depois a esquerda.

3, 4 e 5 – Ajoelham-se novamente, cumprimentam-se em za-rei, levantam, viram para o joseki, cumprimentam-no em ritsu-rei e, finalmente, cumprimentam a área de apresentação para se retirar.

CAPÍTULO 4

KAESHI-WAZA

A aplicação de um golpe pode tornar o judoca vulnerável se alguns dos princípios elementares para sua realização – kuzushi, tsukuri e kake ou desequilíbrio, preparação e execução – falham, e existem técnicas apropriadas para aproveitar esse momento de fragilidade, as "técnicas de contragolpe" ou kaeshi-waza.

De-ashi-harai para yoko-wakare

1 – Tori e uke fazem o kumi-kata de direita.

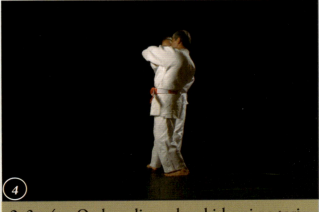

2, 3 e 4 – O uke aplica o de-ashi-harai no tori, mas falha no kuzushi no tempo da aplicação.

5, 6, 7 e 8 – O tori aproveita a falha do uke e aplica o yoko-wakare.

9 e 10 – O tori conclui a técnica.

De-ashi-harai para tsubame-gaeshi

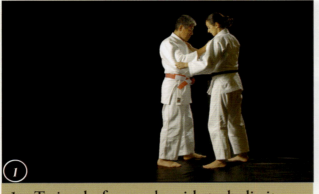

1 – Tori e uke fazem o kumi-kata de direita.

2 – O uke aplica o de-ashi-harai na perna direita do tori, mas no momento errado, porque o tori ainda está com o peso de seu corpo sobre a perna esquerda.

3 – O tori flexiona rapidamente a perna direita, escapando da varrida.

4 e 5 – O tori varre a perna esquerda do uke com a perna direita, aproveitando a força da varrida feita pelo uke anteriormente.

6 – O tori conclui a técnica.

De-ashi-harai para ashi-guruma

1 – Tori e uke fazem o kumi-kata de direita.

2 e 3 – O uke aplica o de-ashi-harai na perna direita do tori, mas falha no kuzushi.

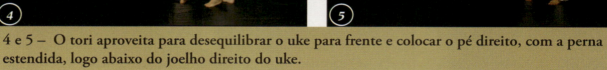

4 e 5 – O tori aproveita para desequilibrar o uke para frente e colocar o pé direito, com a perna estendida, logo abaixo do joelho direito do uke.

6 e 7 – O tori puxa gola e manga, girando seu corpo, e aplica o ashi-guruma.

Hiza-guruma para okuri-ashi-harai

1 – Tori e uke fazem o kumi-kata de direita.

2, 3 e 4 – O uke aplica o hiza-guruma com a perna esquerda.

5 – O tori, com o controle das ações, impõe movimentação lateral ao uke.

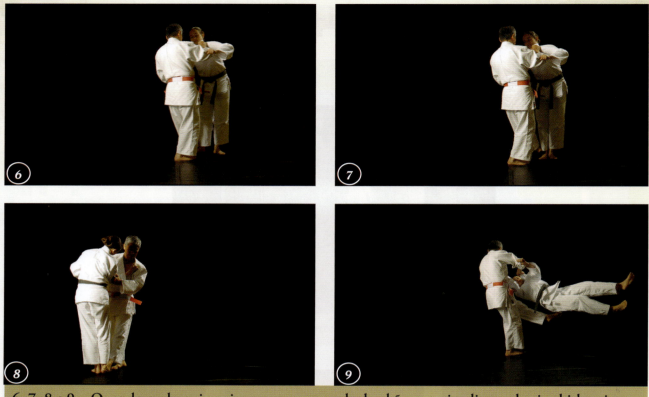

6, 7, 8 e 9 – Quando o uke vai apoiar a perna esquerda do chão, o tori aplica o okuri-ashi-harai.

10 – O tori conclui o golpe.

Hiza-guruma para hiza-guruma

1 – Tori e uke fazem o kumi-kata de direita.

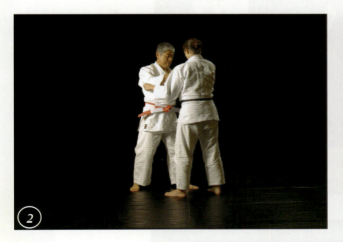

2, 3 e 4 – O uke aplica o hiza-guruma com a perna esquerda.

5, 6 e 7 – O tori apoia a perna direita no chão e aplica o hiza-guruma em contra-ataque na perna direita do uke.

8 – O tori conclui o golpe.

Hiza-guruma para kibisu-gaeshi

1 – Tori e uke fazem o kumi-kata de direita.

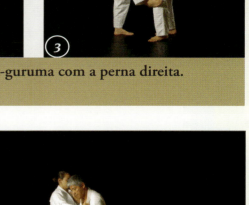

2 e 3 – O uke aplica o hiza-guruma com a perna direita.

4 e 5 – O tori avança a perna direita entre as pernas do uke e apanha a perna direita do uke, pelo calcanhar, com a mão esquerda.

6 e 7 – O tori, com sua mão direita na gola do uke, empurra-o para trás, completando o kibisu-gaeshi.

Hiza-guruma para ouchi-gari

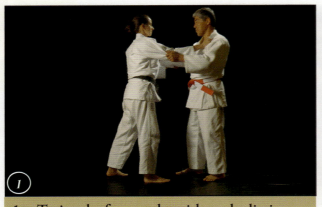

1 – Tori e uke fazem o kumi-kata de direita.

2 – O uke aplica o hiza-guruma com a perna direita.

3 e 4 – O tori aplica rapidamente o ouch-gari na perna esquerda do uke, varrendo-a ainda enquanto a perna direita do uke está no alto.

5 – O tori completa o golpe, projetando o uke.

Hiza-guruma para kuchiki-taoshi

1 – Tori e uke fazem o kumi-kata de direita.

2 – O uke aplica o hiza-guruma com a perna direita, mas falha no kuzushi.

3, 4 e 5 – O tori avança a perna direita entre as pernas do uke e apanha a perna direita dele, por trás do joelho, com a mão esquerda.

6 e 7 – O tori, com sua mão direita na gola do uke, empurra-o para trás, completando o kuchiki-taoshi.

Kosoto-gake para uchi-mata

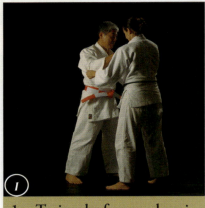

1 – Tori e uke fazem o kumi-kata de direita.

2 e 3 – O uke faz o tori avançar a perna direita e aplica o kosoto-gake com a perna esquerda.

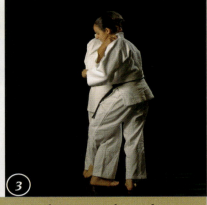

4 – O tori gira o corpo e já se posiciona para aplicar o uchi-mata.

5, 6 e 7 – O tori aplica o uchi-mata e projeta o uke.

Kouchi-gari para kouchi-gaeshi

(Descrição)

1 – Tori e uke fazem kumi-kata de direita.

2 e 3 – O uke faz o tori avançar a perna direita e aplica o kouchi-gari com a perna direita.

4 – O tori recolhe a perna, fazendo a varrida passar no vazio.

5 – O tori força a manga do uke, segurando-a na altura do cotovelo, para dentro, e força a gola para a esquerda.

6 – O tori conclui o contragolpe.

Kouchi-gari para de-ashi-harai

1 – Tori e uke fazem o kumi-kata de direita.

2 e 3 – O uke faz o tori avançar a perna direita e aplica o kouchi-gari com a perna direita.

4 – O tori recolhe a perna direita, fazendo a varrida passar no vazio.

5 e 6 – Imediatamente depois, o tori firma a perna direita e varre com a perna esquerda a perna direita do uke, realizando o de-ashi-harai.

7 – O tori conclui o golpe.

Kouchi-gari para hiza-guruma

(Descrição)

1 – Tori e uke fazem kumi-kata de direita.

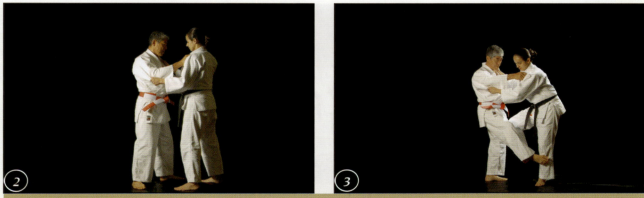

2 – O uke faz o tori avançar a perna direita e aplica o kouchi-gari com a perna direita. O tori aproveita a varrida em seu pé direito e o posiciona à altura do joelho esquerdo do uke.

4 e 5 – O tori, então, devidamente posicionado, aplica o hiza-guruma no uke.

6 – O tori conclui o golpe.

Osoto-gari para osoto-gaeshi

1 – Tori e uke fazem o kumi-kata de direita.

2, 3 e 4 – O uke faz o tori avançar a perna esquerda e depois a direita e lhe aplica o osoto-gari, mas não faz o desequilíbrio necessário.

5 – O tori recua a perna esquerda e desequilibra em cima o uke, antes de ele varrer sua perna direita.

6 – Com a perna direita, o tori varre a perna direita do uke.

7 – O tori conclui o osoto--gaeshi.

Osoto-gari para ushiro-goshi

1 – Tori e uke fazem o kumi-kata de direita.

2 e 3 – O uke faz o tori avançar a perna direita e aplica o osoto-gari.

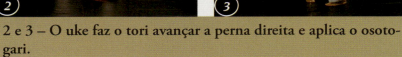

4 – O tori abre um pouco a perna direita e flexiona ambas as pernas. Ao mesmo tempo, envolve com a mão esquerda a cintura do uke e mantém a mão direita na gola.

5, 6 e 7 – O tori realiza o ushiro-goshi.

KAESHI-WAZA

Osoto-gari para harai-goshi

1 – Tori e uke fazem o kumi-kata de direita.

2, 3 e 4 – O uke faz o tori avançar a perna direita e depois a esquerda e lhe aplica o osoto-gari.

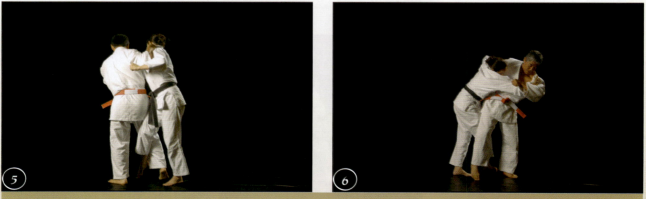
5 e 6 – O tori, por sua vez, controla o uke na gola e na manga e o desequilibra, o que lhe permite posicionar o uke quase que à suas costas e preparar o harai-goshi.

KAESHI-WAZA 99

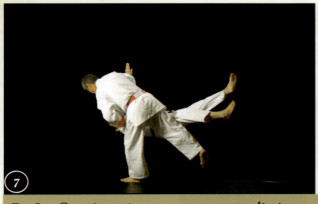

7 e 8 – O tori, então, varre com perna direita.

9 e 10 – O tori conclui o golpe.

Osoto-gari para osoto-otoshi

1 – Tori e uke fazem o kumi-kata de direita.

2, 3, 4 e 5 – O uke faz o tori avançar a perna direita e depois a esquerda e lhe aplica o osoto-gari.

KAESHI-WAZA 101

6 e 7 – O tori aprofunda a perna direita entre as pernas do uke e firma o pé direito no chão. Depois, projeta o uke para trás.

8 – O tori conclui a aplicação da técnica.

Osoto-gari para sukui-nage

1 – Tori e uke fazem o kumi-kata de direita.

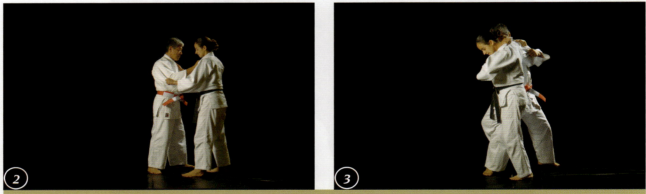

2 e 3 – O uke faz o tori avançar a perna direita e aplica o osoto-gari. O tori defende a varrida afastando a perna direita.

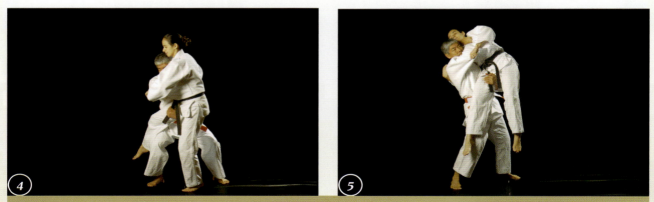

4 e 5 – Mantendo a mão direita na gola, o tori, com as pernas levemente flexionadas, engancha o braço esquerdo sob a coxa do uke e o suspende, usando principalmente o abdômen e as pernas.

KAESHI-WAZA 103

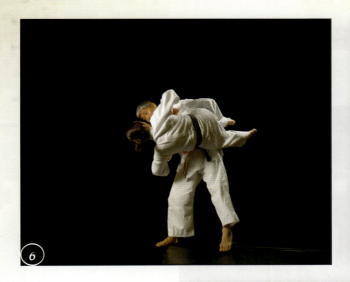

6, 7 e 8 – Girando o uke para a frente, o tori aplica o sukui-nage.

Osoto-gari para kosoto-gake

1 – Tori e uke fazem o kumi-kata de direita.

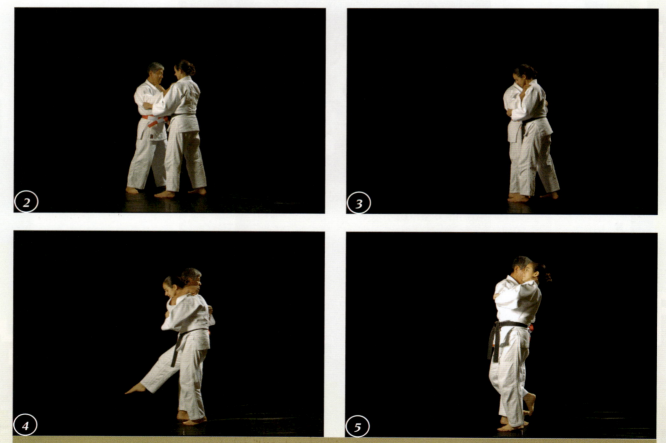

2, 3, 4 e 5 – O uke faz o tori avançar a perna direita e depois a esquerda e lhe aplica o osoto-gari, mas falha no kuzushi.

6 – O tori vira lateralmente o pé direito, criando ângulo para a aplicação do kosoto-gake e, finalmente, engancha a perna esquerda na perna esquerda do uke.

7 e 8 – O tori aplica o kosoto-gake.

Ouchi-gari para ouchi-gaeshi

1 – Tori e uke fazem o kumi-kata de direita.

2 e 3 – O uke faz o tori avançar a perna direita e tenta aplicar o ouchi-gari, mas falha no tempo da varrida e no kuzushi.

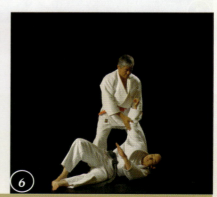

4 – O tori coloca a sola do pé esquerdo no calcanhar do uke e o desequilibra para trás.

5 e 6 – O tori conclui a técnica.

Ouchi-gari para ippon-seoi-nage

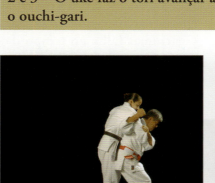

1 – Tori e uke fazem kumi--kata de direita.

2 e 3 – O uke faz o tori avançar a perna direita e aplica o ouchi-gari.

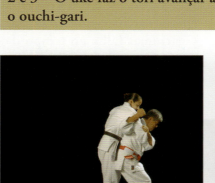

4 – O tori recolhe a perna esquerda, evitando a varrida.

5 e 6 – Aproveitando o movimento frontal do uke, o tori aplica o ippon-seoi-nage.

7 e 8 – O tori projeta o uke à sua frente.

Ouchi-gari para tomoe-nage

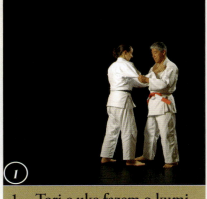

1 – Tori e uke fazem o kumi-kata de direita.

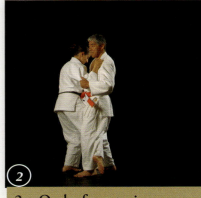

2 – O uke faz o tori avançar a perna direita e aplica o ouchi-gari, mas falha no tempo da varrida e no kuzushi.

3 – O tori recolhe a perna esquerda, evitando a varrida.

4, 5, 6 e 7 – Aproveitando o movimento frontal do uke, o tori aplica o tomoe-nage.

8 – O tori projeta o uke.

Okuri-ashi-harai para tsubame-gaeshi

1 – Tori e uke fazem o kumi-kata de direita e se movimentam lateralmente, um de frente para o outro.

2 – O uke varre com a perna esquerda a perna direita do tori.

3 – O tori recolhe a perna direita, evitando a varrida.

4, 5 e 6 – Aproveitando o movimento lateral do uke e de sua perna esquerda, o tori varre, com a perna direita, a perna esquerda do uke, realizando o tsubame-gaeshi.

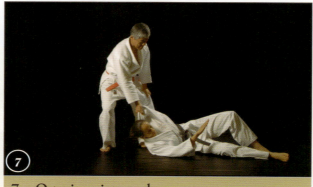

7 – O tori projeta o uke.

Sasae-tsuri-komi-ashi para kosoto-gake

1 – Tori e uke fazem o kumi--kata de direita.

2 e 3 – O uke aplica o sasae-tsuri-komi-ashi com a perna esquerda na perna direita do uke, mas é bloqueado pelo tori.

4 – O tori, firmando-se sobre a perna direita, engancha a perna esquerda na perna direita do uke e lhe aplica o kosoto-gake.

5 e 6 – O tori projeta o uke.

Harai-goshi para ushiro-goshi

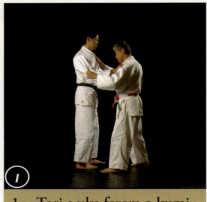

1 – Tori e uke fazem o kumi-kata de direita.

2 e 3 – O uke aplica o harai-goshi, mas é defendido pelo tori.

4 e 5 – O tori, firmando-se sobre as duas pernas e flexionando-as, com sua mão esquerda enlaça a cintura do uke com o braço esquerdo e mantém a pegada na gola com a mão direita, para então aplicar o ushiro-goshi.

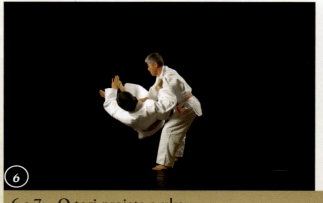

6 e 7 – O tori projeta o uke.

Harai-goshi para sukui-nage

1 – Tori e uke fazem o kumi--kata de direita.

2 e 3 – O uke aplica o harai-goshi, mas é defendido pelo tori.

4, 5 e 6 – O tori, firmando-se sobre as duas pernas e flexionando-as, pega com sua mão esquerda a perna do uke na altura da virilha com o braço esquerdo e mantém a pegada na gola com a mão direita, para então aplicar o sukui-nage.

7 – O tori projeta o uke.

Harai-goshi para kosoto-gake

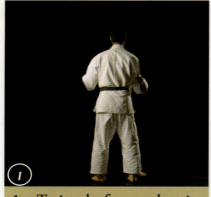

1 – Tori e uke fazem o kumi-kata de direita.

2 e 3 – O uke aplica o harai-goshi, mas o tori se defende.

4 e 5 – O tori, firmando-se sobre a perna direita, engancha sua perna esquerda por trás da perna esquerda do uke e aplica o kosoto-gake.

6 – O tori projeta o uke.

Harai-goshi para kuchiki-taoshi

1 – Tori e uke fazem o kumi-kata de direita.

2 – O uke aplica o harai-goshi, mas o tori defende com o abdômen e flexionando a perna direita.

3 e 4 – O tori segura com sua mão direita a perna direita do uke por traz do joelho e puxa, com a mão esquerda, o uke pela manga para o lado direito.

5 e 6 – O tori projeta o uke.

Ogoshi para tsuri-goshi

1 – Tori e uke fazem o kumi-kata de direita.

2 – O uke aplica o ogoshi, mas o tori se esquiva para a direita.

3 e 4 – O tori segura a faixa do uke com a mão esquerda e passa o quadril à sua frente para aplicar-lhe o tsuri-goshi.

5 e 6 – O tori projeta o uke.

Ogoshi para tani-otoshi

1 – Tori e uke fazem o kumi-kata de direita.

2 e 3 – O uke aplica o ogoshi, mas o tori defende com o abdômen.

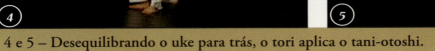

4 e 5 – Desequilibrando o uke para trás, o tori aplica o tani-otoshi.

6 – O tori projeta o uke para trás.

Tai-otoshi para kosoto-gari

1 – Tori e uke fazem o kumi-kata de direita.

2, 3, 4 e 5 – O uke aplica o tai-otoshi, mas erra o tempo e permite que o uke salte a perna direita.

KAESHI-WAZA 119

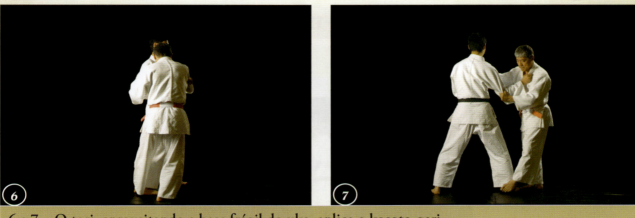

6 e 7 – O tori, aproveitando a base frágil do uke, aplica o kosoto-gari.

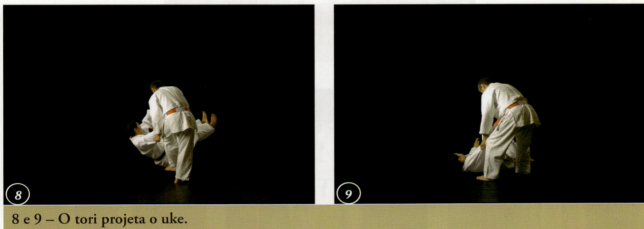

8 e 9 – O tori projeta o uke.

Uchi-mata para sukashi-nage

1 – Tori e uke fazem o kumi-kata de direita.

2, 3 e 4 – O uke aplica uchi-mata com a perna direita, mas erra o tempo e permite a esquiva ao tori.

5 – Aproveitando a força da varrida do próprio uke, o tori apenas forma com as mãos eixo sobre o qual o uke rodará, característica do sukashi-nage.

6 – O tori projeta o uke para a frente.

Uchi-mata para tai-otoshi

1 – Tori e uke fazem kumi-kata de direita.

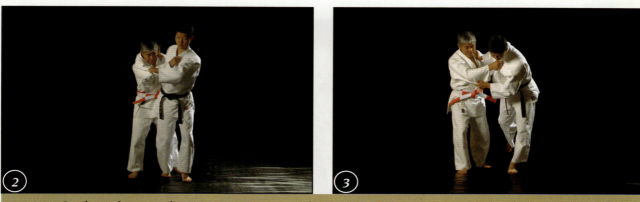

2 e 3 – O uke aplica o uchi-mata com a perna direita, mas o tori se esquiva recolhendo sua perna esquerda.

4 e 5 – O tori aproveita que o uke está com apenas uma perna no chão e lhe aplica o tai-otoshi com a perna esquerda.

6 – O tori projeta o uke.

Uchi-mata para sukui-nage

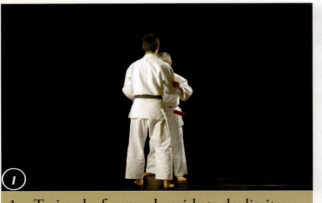
1 – Tori e uke fazem o kumi-kata de direita.

2 – O uke aplica o uchi-mata com a perna direita.

3, 4 e 5 – O tori bloqueia o ataque e agarra a perna direita do uke, na altura da virilha, e aplica o sukui-nage.

6 – O tori projeta o uke.

Ura-nage para kouchi-gari

1 – Tori e uke fazem o kumi-kata de direita.

2 – O uke aplica o ura-nage, mas o tori se defende abaixando seu corpo.

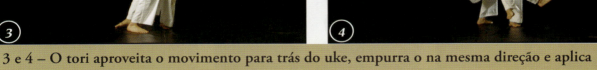

3 e 4 – O tori aproveita o movimento para trás do uke, empurra o na mesma direção e aplica o kouchi-gari.

5 – O tori projeta o uke.

De-ashi-harai para osoto-otoshi

1 – Tori e uke fazem o kumi-kata de direita.

2 – O uke aplica o de-ashi-harai com a perna esquerda na perna direita do tori.

3, 4 e 5 – O tori aproveita a fragilidade do uke, desequilibra-o para trás e à direita e aplica o osoto-otoshi.

6 e 7 – O tori projeta o uke.

Hane-goshi para utsuri-goshi

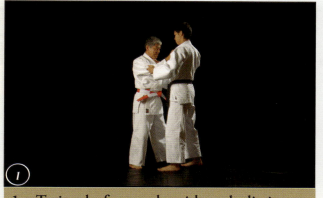

1 – Tori e uke fazem o kumi-kata de direita.

2 – O uke aplica o hane-goshi de direita, mas o tori defende projetando o abdômen.

3, 4 e 5 – O tori ergue o uke, avança sua perna esquerda, encaixa o quadril e aplica o utsuri-goshi.

6 e 7 – O tori projeta o uke para a frente.

Hane-goshi para yoko-guruma

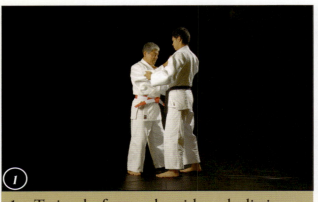

1 – Tori e uke fazem o kumi-kata de direita.

2 – O uke aplica o hane-goshi de direita, mas o tori se esquiva para a direita.

3 e 4 – O tori se posiciona lateralmente ao uke, com o domínio da pegada e aplica o yoko-guruma.

5 – O tori projeta o uke para a sua diagonal esquerda.

KAESHI-WAZA 127

Ippon-seoi-nage para yoko-wakare

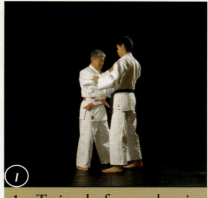

1 – Tori e uke fazem o kumi-kata de direita.

2 e 3 – O uke tenta aplicar o ippon-seoi-nage, mas não passa o quadril suficientemente e permite que o tori escape lateralmente.

4, 5 e 6 – O tori, então, posicionado à frente do uke, surpreende-o e aplica o yoko-wakare.

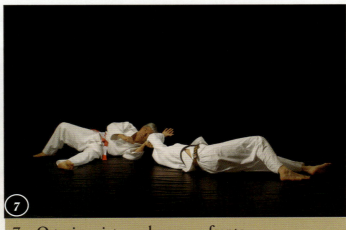

7 – O tori projeta o uke para a frente.

Ippon-seoi-nage para uki-waza

1 – Tori e uke fazem o kumi-kata de direita.

2 e 3 – O uke aplica o ippon-seoi-nage, mas o tori escapa pela lateral direita.

4, 5 e 6 – Avançando bem a perna direita, o tori encontra base para aplicar o uki-waza para o seu lado esquerdo.

7 – O tori projeta o uke para sua diagonal esquerda.

Kata-guruma para hikikomi-gaeshi

1 – Tori e uke fazem o kumi-kata de direita.

2, 3 e 4 – O uke aplica o kata-guruma, mas o tori se defende abaixando seu corpo.

130 URUWASHI

5, 6 e 7 – O tori aproxima a perna esquerda e aplica o hikikomi-gaeshi com a perna direita.

8 – O tori projeta o uke.

Morote-gari para tawara-gaeshi

1 – Tori e uke fazem o kumi-kata de direita.

2 e 3 – O uke busca pegar as pernas do tori e aplicar-lhe o morote-gari.

4 – O tori defende recuando as pernas e jogando o tronco à frente.

5, 6 e 7 – O tori, mantendo a postura do uke quebrada, envolve o tronco do uke com os braços, na altura de seu abdômen, aproxima as pernas e aplica o tawara-gaeshi.

8 – O tori projeta o uke.

Morote-gari para hikikomi-gaeshi

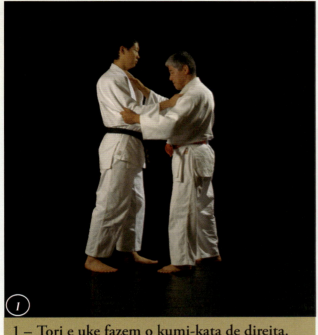

1 – Tori e uke fazem o kumi-kata de direita.

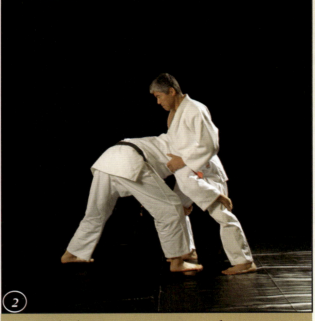

2 – O uke busca pegar as pernas do tori e aplicar-lhe o morote-gari.

3 – O tori defende recuando as pernas, jogando o tronco à frente.

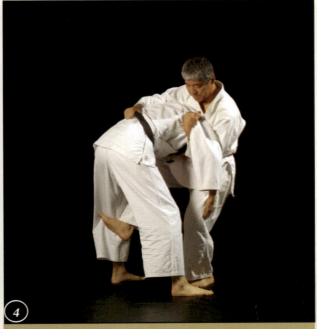

4 – O tori, mantendo a postura do uke quebrada, aproxima a perna esquerda e passa o braço esquerdo sob a axila direita do uke.

5, 6 e 7 – O tori aproxima as pernas, coloca o peito do pé direito na parte interna da perna esquerda do uke e aplica o hikikomi-gaeshi.

8 – O tori projeta o uke.

Osoto-gari para kuchiki-taoshi

1 – Tori e uke fazem o kumi-kata de direita.

2 – O uke aplica o osoto-gari com a perna direita, mas permite a defesa do tori, que vira o tronco bloqueando o golpe.

3 e 4 – O tori pega a perna direita do uke com a mão direita embaixo do joelho e aplica o kuchiki-taoshi.

5 – O tori projeta o uke.

Osoto-gari para uki-otoshi

1 – Tori e uke fazem o kumi-kata de direita.

2 – O uke aplica o osoto-gari com a perna direita.

3 – Mas o tori se esquiva.

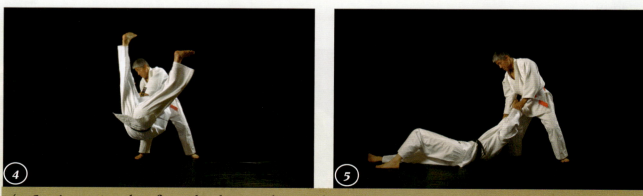

4 e 5 – Aproveitando a força do uke na aplicação do osoto-gari, o tori projeta-o com o uki-otoshi.

Ouchi-gari para ushiro-goshi

1 – Tori e uke fazem o kumi-kata de direita.

2 – O uke aplica o ouchi-gari com a perna direita.

3 – O uke falha no kuzushi e na varrida, permitindo ao tori firmar os dois pés no chão e abraçá-lo pela cintura.

4 e 5 – O tori aplica o ushiro-goshi e o projeta.

Tai-otoshi para yoko-guruma

1 – Tori e uke fazem o kumi-kata de direita.

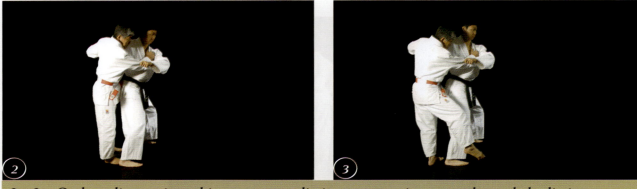

2 e 3 – O uke aplica o tai-otoshi com a perna direita, mas o tori escapa pelo seu lado direito.

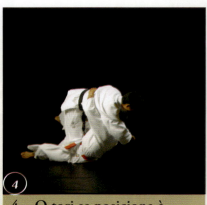  

4 – O tori se posiciona à diagonal direita do uke e aplica o yoko-guruma.

5 e 6 – O tori projeta o uke para a sua diagonal esquerda.

Tsuri-komi-goshi para tsuri-goshi

1 – Tori e uke fazem o kumi-kata de direita.

2, 3 e 4 – O uke aplica com o tsuri-komi-goshi, mas o tori escapa pelo seu lado direito.

5 e 6 – O tori agarra a faixa do uke com a mão esquerda, encaixa o quadril e aplica o tsuri-goshi.

7 – O tori projeta o uke para a frente.

Uchi-mata para uchi-mata-gaeshi

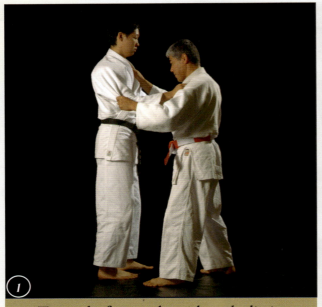

1 – Tori e uke fazem o kumi-kata de direita.

2 – O uke entra com o uchi-mata, mas permite que o tori bloqueie o ataque com o abdômen.

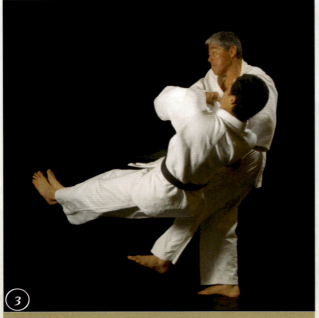

3 – O tori aproveita o retorno do uke e aplica o uchi-mata-gaeshi.

4 – O tori projeta o uke.

Ogoshi para yoko-wakare

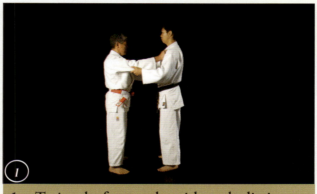

1 – Tori e uke fazem o kumi-kata de direita.

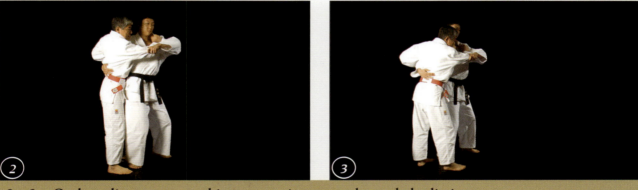

2 e 3 – O uke aplica com o ogoshi, mas o tori escapa pelo seu lado direito.

4 e 5 – O tori ganha a frente do tori e aproveita a sua fragilidade para aplicar o yoko-wakare.

6 – O tori projeta o uke para a frente.

CAPÍTULO 5

KIME-NO-KATA

Kime-no-kata

Este kata tem como propósito demonstrar a eficácia do judô como instrumento de defesa pessoal. Ele revela aspectos culturais e históricos também. É importante lembrar que o judô foi fundado logo após o fim do período medieval nipônico, quando disputas provinciais entre diferentes clãs ainda estavam frescas na memória dos japoneses. Na época, emboscadas eram comuns, mesmo em reuniões realizadas em meio a refeições, que os japoneses tradicionalmente faziam ajoelhados ou sentados em tatames. É por isso que muitos dos golpes aqui apresentados têm início com uke e tori ajoelhados.

Idori – Ajoelhado

- Ryo-te-dori
- Tsukkake
- Suri-age
- Yoko-uchi
- Ushiro-dori
- Tsukkomi
- Kiri-komi
- Yoko-tsuki

Tachiai – Em pé

- Ryo-te-dori
- Sode-tori
- Tsukkake
- Tsuki-age
- Suri-age
- Yoko-tsuki
- Keage
- Ushiro-dori
- Tsukkomi
- Kiri-komi
- Nuki-kake
- Kiri-oroshi

Início

1 e 2 – O tori do lado direito e o uke do lado esquerdo do joseki fazem saudação para entrarem na área de apresentação. O uke deve estar com um katana (espada) e um tantoo (punhal) de madeira na mão direita.

3 – Caminham para frente até uma distância de seis metros entre si e se voltam para o joseki para saudá-lo.

4 e 5 – Viram-se de frente novamente e se colocam em seiza. O uke põe as armas ao seu lado direito – tantoo por dentro e katana por fora – com os fios das lâminas voltados para si. Fazem o za-rei.

148 URUWASHI

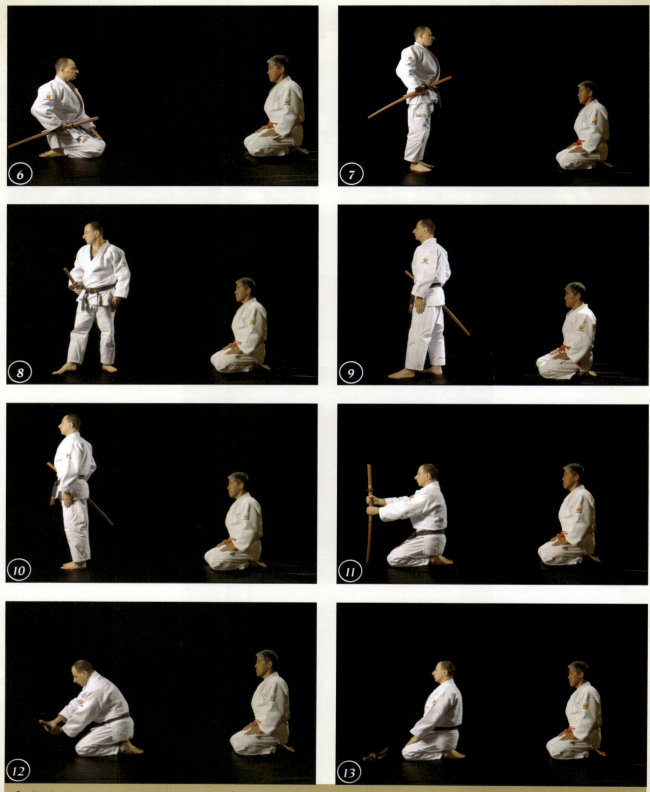

6, 7, 8, 9, 10, 11, 12 e 13 – O uke apanha as armas, levanta-se e faz um giro de 180 graus para a direita, dando as costas ao tori. Caminha até uma distância de aproximadamente 1,80 metro da posição de saudação, se ajoelha e coloca as armas a sua frente – tantoo por dentro e katana por fora –, com os fios das lâminas virados para si.

KIME-NO-KATA 149

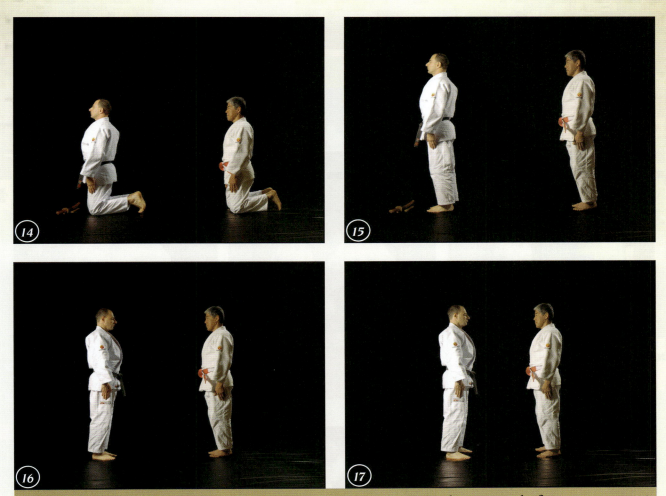

14, 15, 16 e 17 – Uke e tori se levantam ao mesmo tempo. O uke se vira de frente para o tori e volta ao ponto em que realizou a saudação. Ambos avançam um passo, primeiro o pé esquerdo depois o direito, e assumem a posição de shizen-hontai para, em seguida, avançarem mais um pouco, finalmente guardando entre si distância de aproximadamente 90 centímetros.

18, 19 e 20 – Então ambos se ajoelham em seiza e se aproximam ainda mais, colocando as mãos fechadas no tatame e deslizando os joelhos para começar o primeiro golpe do kata.

Idori

Ryo-te-dori

1 e 2 – O uke, a partir de seiza, segura os dois punhos do tori e solta um kiai – uma espécie de grito de ação.

3 – O tori levanta o tronco, os dedos dos pés e leva os braços para trás fazendo o kuzushi.

4 – Em seguida, aplica um chute (emitindo kiai) com a perna direita na altura do abdômen do uke.

5 e 6 – Depois, o tori segura o punho esquerdo do uke com as duas mãos, movimenta-se para a diagonal esquerda, na posição de kiyoshi, e aplica o waki-gatame.

7 – O uke faz o maita, batendo a mão direita na perna direita do tori.

8 – Ambos voltam à posição inicial.

Tsukkake

1 e 2 – O uke levanta o tronco, apoia-se na sola dos dedos de ambos os pés e, emitindo kiai, aplica um soco no abdômen do tori com a mão direita, cujo punho deve estar voltado para cima.

3 e 4 – O tori levanta a perna direita, afasta-a para trás e lateralmente, a mão esquerda segura o cotovelo direito do uke, esquivando-se do ataque. Quase simultaneamente, o tori aplica um atemi (soco), com kiai, no uto (entre as sobrancelhas) do uke com a mão direita.

5 e 6 – Em seguida, segura com a mão direita o punho direito do uke e com a mão esquerda segura a gola direita, passando-a por trás do pescoço do oponente.

7 e 8 – O tori avança dois passos para a diagonal direita em kiyoshi e aplica o hara-gatame. O uke faz o maita, batendo com a mão esquerda no tatame.

9 – Ambos voltam à posição inicial.

Suri-age

1 e 2 – O uke eleva o tronco, apoia-se sobre a sola dos dedos dos pés e ataca com a mão direita espalmada a testa do tori, que se defende ao erguer o tronco e segurar o braço do uke, a mão direita (polegar por dentro) o punho e a esquerda (polegar por fora) quase na axila.

3, 4 e 5 – Feita a defesa, o tori aplica um chute no abdômen (com kiai) do uke com a perna direita, depois recua a mesma perna – saindo para o lado direito do uke e girando 180 graus – e derruba o uke para frente, puxando-o fortemente com as duas mãos.

6, 7 e 8 – O tori leva o braço do uke à linha do ombro, avança – primeiro a perna esquerda, depois a direita – e coloca o joelho esquerdo sobre o cotovelo dele.

9 e 10 – O tori senta no seu calcanhar e eleva o punho. O uke faz o maita, batendo a mão esquerda no tatame.

Yoko-uchi

1 e 2 – O uke levanta o quadril, apoia-se sobre a sola dos dedos dos pés e aplica um atemi com o punho direito na têmpora do tori.

3 – O tori se esquiva abaixando a cabeça. Simultaneamente, apoia-se sobre a sola dos dedos dos pés e avança a perna direita, posicionando-a à direita do uke. Ao mesmo tempo, o tori coloca o braço direito na altura do ombro esquerdo do uke, como em kata-gatame, e a mão esquerda nas costas dele, forçando-o para trás.

4, 5 e 6 – O tori derruba o uke para trás à diagonal direita, segura o cotovelo direito e golpeia o abdômen (kiai) com o cotovelo direito e a mão aberta.

7 – Ambos voltam à posição inicial, de forma que entre eles haja uma distância aproximada de 1,20 metro.

Ushiro-dori

1, 2, 3 e 4 – O uke levanta e caminha para trás do tori, passando pelo lado direito dele e parando à distância aproximada de um passo.

5 e 6 – O uke ajoelha atrás do tori, põe as duas mãos no tatame e desliza os joelhos para fazer a aproximação a uma distância aproximada de 20 centímetros.

7 – O uke levanta o joelho direito e ataca (kiai), agarrando o tori com os dois braços na altura dos ombros.

8 – O tori reage levantando o quadril e os braços para os lados. Com a mão direita, segura a manga na altura do antebraço esquerdo do uke e, com a esquerda, segura a manga esquerda o mais alto que puder.

9 e 10 – O tori passa a perna direita entre as pernas do uke e rola para frente como em um ippon-seoi-nage de esquerda.

11 e 12 – Depois, controla o uke com o braço direito e aplica um atemi (pancada, no caso, soco) de esquerda na região genital do uke.

13, 14 e 15 – Tori e uke voltam à posição inicial.

Tsukkomi

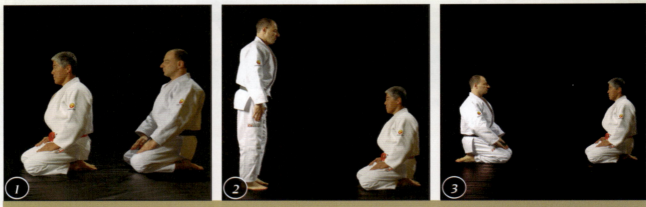

1, 2 e 3 – O uke se levanta, passa pelo lado direito do tori, caminhando para frente dele, onde se senta a uma distância aproximada de 1,20 metro.

4, 5 e 6 – O uke levanta e, girando para sua direita, caminha para apanhar a arma.

7, 8 e 9 – O uke ajoelha e com as duas mãos pega o tantoo e o coloca na faixa, por dentro do judogi.

KIME-NO-KATA

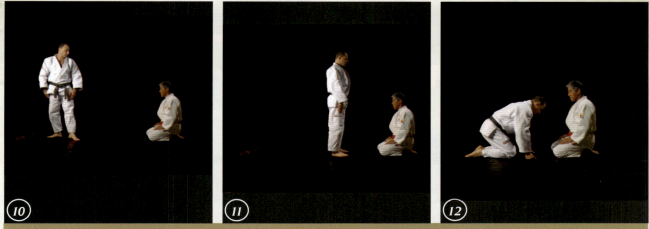

10, 11 e 12 – O uke levanta, gira para a esquerda, caminha na direção do tori e se senta à sua frente. Depois, apoia as mãos fechadas no tatame e se aproxima ainda mais do tori, deslizando os joelhos.

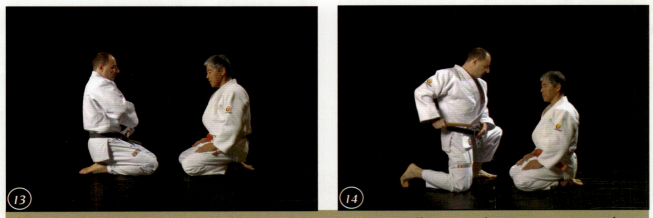

13 e 14 – O uke pega o tantoo com a mão direita, levanta o joelho esquerdo e ataca o tori na altura do abdômen (kiai).

15 e 16 – Simultaneamente, o tori levanta o joelho direito, segura o cotovelo direito com a mão esquerda e com o punho direito ataca (kiai) o uto do uke.

17 e 18 – O tori segura o punho direito com a mão direita, passa o braço esquerdo por cima do pescoço e segura a gola direita do uke.

19 e 20 – Em seguida, avança dois passos na diagonal direita, apoia a mão direita na própria coxa direita e aplica um hara-gatame. O uke faz o maita com a mão esquerda no tatami.

21 – Ambos voltam à posição inicial do golpe.

Kiri Komi

1, 2, 3, 4 e 5 – O uke tira o tantoo de dentro do jidogi e o coloca por fora, sempre com o fio da lâmina voltado para cima.

6, 7 e 8 – O uke segura o tantoo com a mão direita, levanta o joelho direito e ataca (kiai) por cima da cabeça do tori.

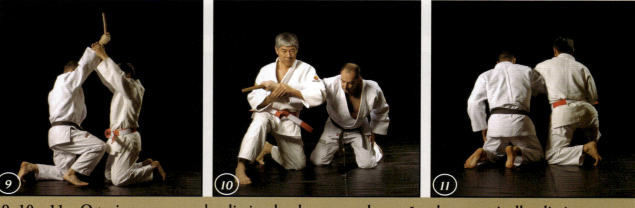

9, 10 e 11 – O tori segura o punho direito do uke com as duas mãos, levanta o joelho direito, avança dois passos na diagonal direita e aplica o waki-gatame.

12 e 13 – O uke faz o maita batendo na perna do tori. Ambos voltam à posição inicial, guardando uma distância entre si de aproximadamente 1,20 metro.

Yoko-tsuki

1 – O uke tira o tantoo que estava preso à faixa por fora do judogui e o coloca por dentro novamente.

2 e 3 – O uke levanta e caminha para a lateral direita do tori.

4 – O uke se senta ao lado do tori, apoia as mãos fechadas no tatame para, em seguida, ajustar a posição, pondo-se em linha ao tori.

5 – O uke segura o tantoo com a mão direita, levanta o joelho esquerdo e golpeia a lateral direita do abdômen do tori, que levanta o joelho direito lateralmente, segura o cotovelo direito do uke com a mão esquerda e com a mão direita ataca o uto do uke.

6 e 7 – Depois, com a mão direita, o tori segura o punho direito do uke, enlaça-lhe o pescoço com o braço esquerdo, segura a gola direita, avança dois passos para a diagonal direita, apoia a mão direita na coxa e aplica o hara-gatame. Para terminar, o uke faz o maita, batendo a mão esquerda no tatami.

Tachiai

Ryo-te-dori

1 e 2 – Ao fim do yoko-tsuki, ambos retomam a posição em que o haviam iniciado, em seiza, e guardando entre si a distância de 1,20 metro.

3 e 4 – O uke então se levanta, gira para a direita e caminha para trás. Ajoelha-se e depõe o tantoo junto ao katana.

5 – Em seguida, ambos se levantam simultaneamente, erguendo primeiro o tronco e depois as pernas.

6 e 7 – O uke então gira para a esquerda e caminha frontalmente na direção do tori. Para quando se encontra a 60 centímetros dele aproximadamente.

8 – O uke inicia a ryo-te-dori agarrando os punhos do tori com as duas mãos. O tori leva os braços para trás para fazer o kuzushi – desequilibrar o uke.

9, 10 e 11 – Em seguida, chuta a região genital do uke com o pé direito, abaixa a perna direita, segura o punho esquerdo do uke com as duas mãos, avança dois passos para a diagonal esquerda e aplica o waki-gatame.

12 e 13 – O uke faz o maita, e ambos voltam à posição inicial.

Sode-tori

1 e 2 – O uke caminha para trás do tori, passa pelo lado direito, posiciona-se a distância aproximada de 30 centímetros dele, atrás e um pouco para a lateral esquerda, com o pé direito na mesma linha do pé esquerdo do tori. Depois ajeita a manga do tori na altura do cotovelo e a segura firme com a mão direita.

3 e 4 – Em seguida, o uke conduz o tori para frente. O tori avança primeiro a perna direita e depois esquerda. No terceiro passo, com a perna direita, o tori abre para a diagonal direita e puxa o braço esquerdo fazendo o kuzushi.

5 – O tori aplica um chute com a lateral do pé esquerdo (kiai) no joelho direito do uke.

6 e 7 – Logo em seguida, o tori segura a manga direita do uke com a sua mão esquerda, segura a gola esquerda com a mão direita e aplica um osoto-gari de direita.

8 e 9 – Após a queda, o uke se levanta e volta de frente para o tori.

Tsukkake

1 e 2 – Guardando uma distância aproximada de 1,80 metros, o uke avança um passo com a perna esquerda, arma um soco com a mão esquerda à frente e com a direita atrás.

3 – O uke ameaça dar um atemi com a mão esquerda, mas, avançando um passo com a perna direita, ataca o uto do tori com a mão direita (kiai).

4 e 5 – O tori recua a perna direita para a lateral direita e segura o punho do uke forçando-o para frente e para baixo.

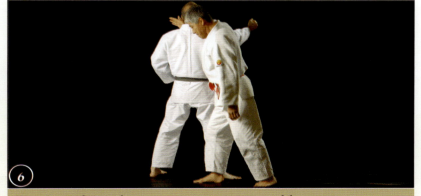

6 – Quando o uke tenta recuperar o equilíbrio, o tori avança a perna direita e depois a esquerda para trás dele; desliza seu braço direito sobre o braço direito do uke, encaixando-o no pescoço dele.

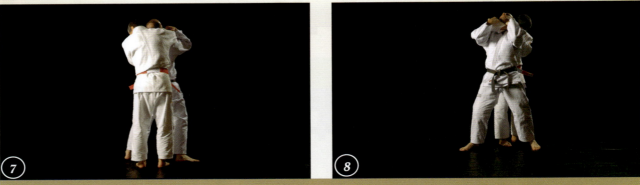

7 e 8 – O tori leva o braço esquerdo sobre o ombro esquerdo do uke e segura uma mão na outra.

9, 10 e 11 – Em seguida, o tori afasta a perna esquerda e aplica o hadaka-jime. O uke segura a manga direita do tori com as duas mãos para tentar se defender. O uke faz o maita, batendo o pé no tatami.

12 – Ambos voltam à posição inicial.

Tsuki-age

1 – A partir da posição inicial, o uke avança a perna direita e aplica um soco (gancho) com a mão direita de baixo para cima no queixo do tori.

2 e 3 – O tori se esquiva inclinando o tronco para trás e, ao mesmo tempo, segura o punho do uke com as duas mãos.

4 e 5 – Logo em seguida, o tori se afasta dois passos para a diagonal direita e aplica o waki-gatame, usando para tanto a axila esquerda. Uke faz o maita, batendo na perna esquerda do tori com sua mão esquerda.

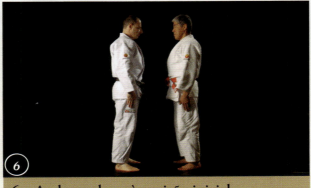

6 – Ambos voltam à posição inicial.

Suri-age

1 – A partir da posição inicial – ambos frente a frente a uma distância aproximada de 60 centímetros –, o uke avança um passo com a perna direita e ataca com a mão direita espalmada a testa do tori (kiai).

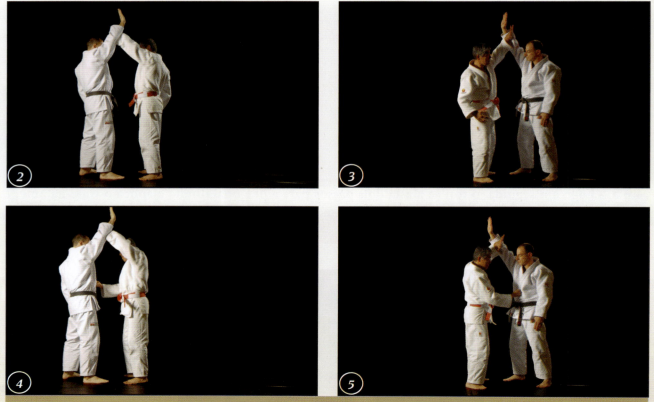

2, 3, 4 e 5 – O tori defende com o braço esquerdo e contra-ataca aplicando um soco com a mão direita no abdômen do uke (kiai).

KIME-NO-KATA 175

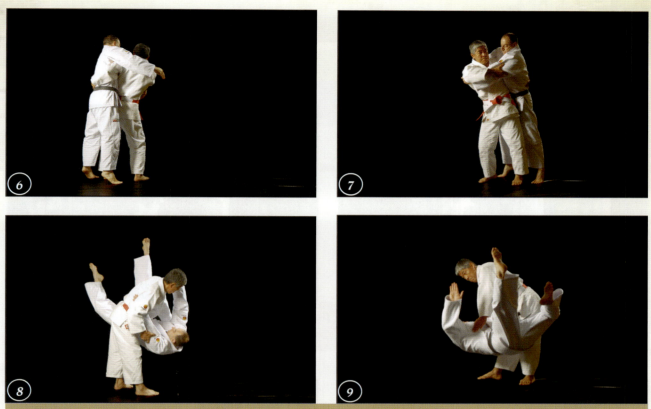

6, 7, 8 e 9 – Em seguida, o tori avança a perna esquerda, envolve a cintura do uke com seu braço esquerdo e aplica um uki-goshi de esquerda.

10 e 11 – O uke faz o ukemi.

12 – Ambos voltam à posição inicial.

Yoko-tsuki

1 e 2 – A partir da posição inicial, o uke avança a perna direita e ataca com a lateral da mão direita a têmpora do tori (kiai).

3, 4, 5 e 6 – O tori se esquiva, abaixando a cabeça; avança a perna esquerda, ao mesmo tempo em que coloca a mão direita do lado esquerdo do peito do uke, fazendo o kuzushi para trás; depois, avança a perna direita e se posiciona inteiramente atrás do uke.

KIME-NO-KATA 177

7 – O tori envolve o pescoço do uke com o braço esquerdo, segura a gola direita dele com a mão esquerda, e com a mão direita segura a gola esquerda.

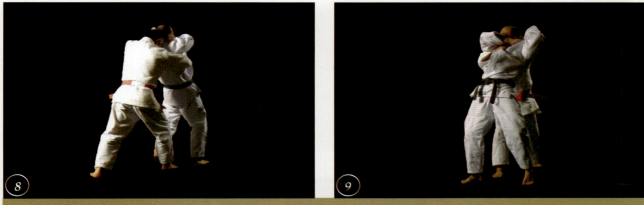

8 e 9 – Na sequência, apoia a testa na parte posterior da cabeça e afasta a perna esquerda, aplicando o okuri-eri-jime. O uke ainda tenta se defender, segurando a manga esquerda do tori com as duas mãos e puxando-a para frente. Sem sucesso, faz o maita, batendo com o pé no tatami.

10 – Ambos voltam à posição inicial.

Keage

1, 2 e 3 – A partir da posição inicial, o uke avança a perna esquerda e chuta o órgão genital do tori (kiai) com a perna direita.

4, 5, 6 e 7 – O tori se esquiva, afastando a perna direita para a sua lateral esquerda, segura a perna direita do uke, primeiro com a mão esquerda e depois com a direita, e a afasta para a lateral esquerda.

KIME-NO-KATA 179

8 e 9 – O tori aplica um chute (kiai) no órgão genital do uke com a perna direita.

10 – Ambos voltam a ficar frente a frente com uma distância de, aproximadamente, 1,20 m.

Ushiro-dori

1 – A partir desta posição, o uke caminha para trás do tori passando pelo lado direito e parando a aproximadamente 60 centímetros de distância.

2 e 3 – Ao comando de yoshi (vamos!) do uke, ambos caminham para frente, primeiro com a perna esquerda e depois com a direita

4 – Quando o tori avança novamente a perna esquerda, o uke acelera o passo e, ao avançar a perna direita, agarra o tori pelas costas na altura dos ombros.

5 e 6 – O tori eleva os braços, segurando com as mãos na manga do uke – a direita por fora, mais em cima, e a esquerda por dentro, mais embaixo –, e aplica um ippon-seoi-nage de direita.

7 e 8 – Depois da projeção, o tori ajoelha a perna direita e ataca (kiai) o uto do uke com a mão direita em tegatana (faca da mão).

9 – Ambos voltam à posição inicial.

Tsukkomi

1 e 2 – O uke fica frente a frente com o tori e gira 180 graus para a direita, para buscar o tantoo.

  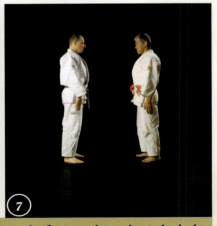

3, 4, 5, 6 e 7 – O uke se ajoelha, pega o tantoo, coloca-o por dentro da faixa e do judogi do lado esquerdo da cintura, levanta, gira 180 graus para a esquerda e se aproxima do tori novamente.

8 e 9 – De frente para o tori, o uke segura o tantoo com a mão direita, avança a perna esquerda e golpeia o abdômen do tori (kiai).

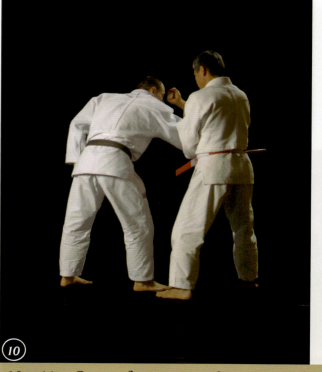

10 e 11 – O tori afasta a perna direita para a lateral direita, segura o cotovelo direito do uke com a mão esquerda e soca o uto do uke com a mão direita (kiai).

KIME-NO-KATA 183

12, 13, 14 e 15 – O tori segura o punho direito do uke com a mão direita, passa o braço esquerdo por trás do pescoço do uke, segura na gola direita do uke com a mão esquerda, caminha dois passos na diagonal direita e aplica o hara-gatame. O uke faz o maita, batendo com a mão esquerda na perna esquerda do tori.

16 – Ambos voltam à posição inicial. O uke continua com o tantoo e o coloca por dentro da faixa e do judogi do lado esquerdo da cintura.

Kiri-komi

1 – A partir da posição inicial, o uke tira o tantoo de dentro do judogi e o prende na faixa por fora, também do lado esquerdo.

2, 3 e 4 – O uke segura o tantoo com a mão direita, ergue-o acima da própria cabeça, avança a perna direita e ataca o topo da cabeça do tori (kiai) que segura o punho direito do uke com as duas mãos.

5, 6 e 7 – O tori avança dois passos para a diagonal direita, trazendo o uke consigo, coloca o braço direito do uke sob sua axila e aplica o waki-gatame. O uke faz o maita.

8 – Ambos voltam à posição inicial. O uke tira o tantoo da parte externa do judogi e o coloca novamente por dentro dele.

Nuki-kake

1 e 2 – O uke gira para a direita e caminha em direção ao katana (espada).

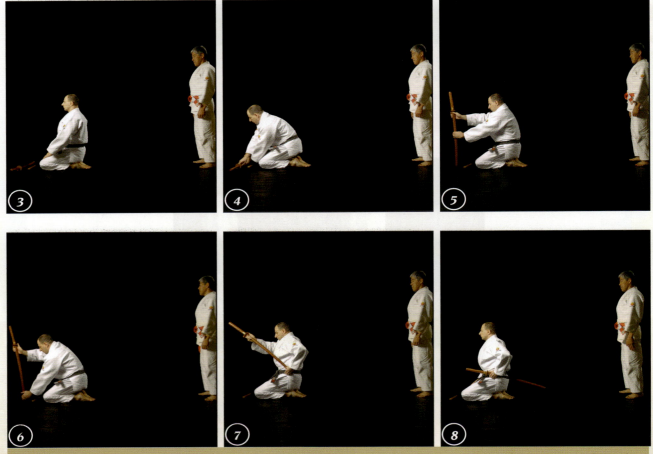

3, 4, 5, 6, 7 e 8 – O tori se ajoelha, coloca o tantoo na posição original, pega o katana e o coloca do lado esquerdo da cintura, sempre com o fio da lâmina voltado para cima.

KIME-NO-KATA 187

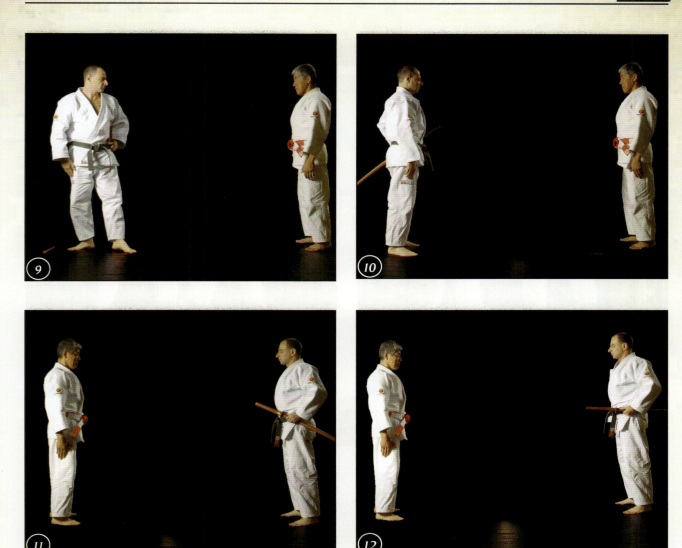

9, 10, 11 e 12 – Retorna e fica parado a uma distância de 1,20 metro do tori.

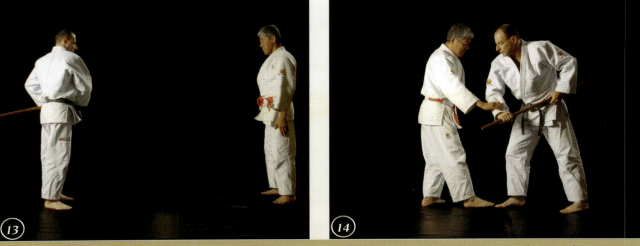

13 e 14 – O uke segura a espada com a mão direita e avança a perna direita tentando sacá-la.

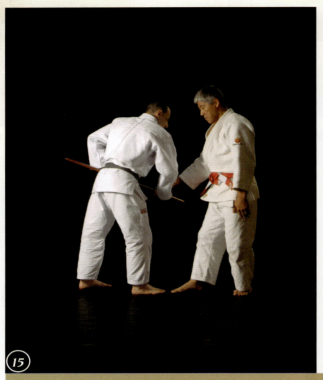

15 e 16 – O tori avança a perna direita para perto da perna direita do uke e segura com a mão direita o punho direito do uke, para bloquear o ataque.

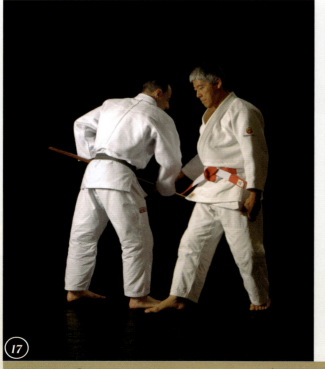

17 e 18 – O tori avança novamente o pé direito e depois o esquerdo, dirigindo-se para as costas do uke, passando pelo lado direito dele.

KIME-NO-KATA 189

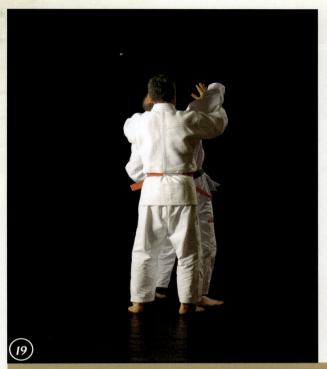

19 e 20 – Enquanto se posiciona atrás do uke, o tori passa a mão esquerda pelo pescoço dele e segura na gola direita. Em seguida, o tori passa a mão direita por baixo da axila direita do uke, levanta o braço direito dele e o coloca atrás da cabeça com a palma da mão voltada para si.

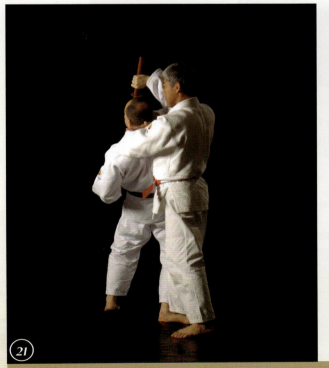
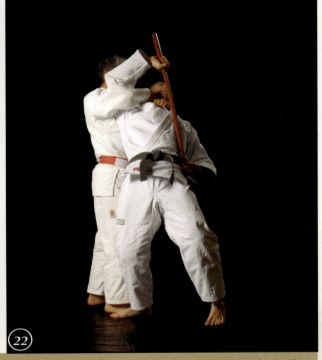

21 e 22 – O tori recua um passo com a perna esquerda para a diagonal direita, desequilibrando o uke, e aplica um kataha-jime. O uke faz o maita, batendo o pé esquerdo no tatame.

Kiri-oroshi

1 e 2 – Tori e uke se posicionam frente a frente a uma distância aproximada de 2,70 metros. O uke avança um passo com a perna direita, saca a espada e a segura com as duas mãos, apontando-a na altura do uto do tori.

3 – Em seguida, o uke avança um passo em tsugi-ashi, com a perna direita à frente. Ao mesmo tempo, o tori recua um passo, primeiro com a perna direita e depois com a esquerda.

4 e 5 – Depois, o uke avança a perna esquerda, eleva a espada acima da cabeça, avança a perna direita e ataca o topo da cabeça do tori (kiai).

KIME-NO-KATA 191

6 e 7 – O tori se esquiva para a diagonal esquerda frontal, segura com a mão direita o punho direito do uke e o puxa para baixo.

8, 9, 10 e 11 – O tori passa a mão esquerda por trás do pescoço do uke e segura na gola direita. Avança um passo, primeiro com a perna direita e depois com a esquerda. Para completar o movimento, avança mais um passo com a perna direita, apoia a mão direita na própria coxa direita e aplica um hara-gatame. O uke faz o maita.

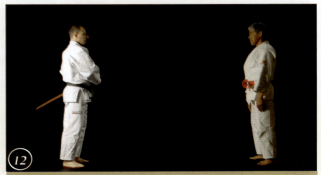

12 – Ambos voltam à posição inicial. O uke mantém a ponta da espada voltada para baixo. Em seguida, levanta o katana e o coloca na cintura.

Final

1 e 2 – O uke gira para a direita e caminha em direção ao tantoo.

3, 4 e 5 – O uke se ajoelha, tira o katana da cintura e o coloca no tatame em sua posição original, cumprindo o ritual característico.

KIME-NO-KATA

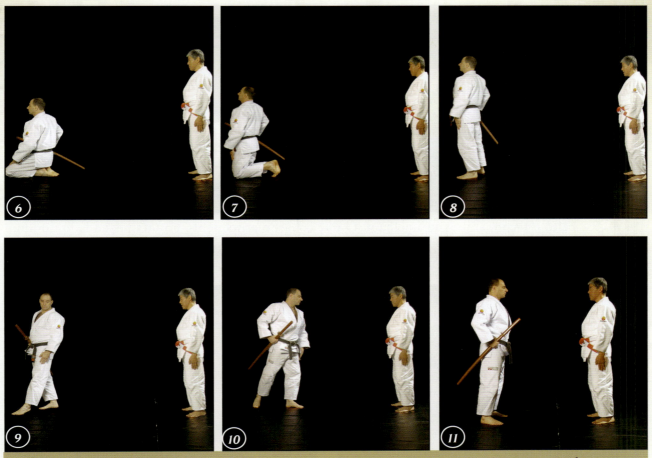

6, 7, 8, 9, 10 e 11 – O uke pega o tantoo e o katana e se levanta. Gira o corpo para a esquerda, põe-se de frente para o tori e caminha até a marca da posição de shizen-hontai.

12 e 13 – Em seguida, tori e uke recuam um passo, primeiro a perna direita e depois a esquerda.

14 e 15 – Feito o recuo, ambos se ajoelham. O uke coloca o armamento no tatame, ao lado direito. Tori e uke se saúdam em za-rei.

16 e 17 – O uke pega novamente o armamento. Ambos se põem de pé, viram para joseki e o saúdam.

18 – Depois, ficam de frente um para o outro, recuam para sair da área de apresentação e, ao fazerem, saúdam-na.

CAPÍTULO 6

KATAME-WAZA

Katame-waza (técnicas de solo)

É o grupo de "técnicas de solo", sob o qual estão outros três subgrupos – osae-waza (imobilizações), kansetsu-waza (golpes em articulações) e shime-waza (estrangulamentos).

Kesa-gatame (osae-waza)

Princípios gerais

O kesa-gatame, ou "imobilização em diagonal", exige que o tori ajuste o tronco sobre o peito do uke e o quadril e a coxa em sua lateral.

1 – O tori e o uke partem de kiyoshi-no-kamae – postura utilizada para iniciar a demonstração de katame-waza.

2 – O tori segura o braço direito do uke.

3 e 4 – O tori coloca o braço direito do uke sob sua axila esquerda e, simultaneamente, envolve o pescoço do uke com seu braço direito.

5 – O tori segura a gola do uke com a mão direita e abaixa a cabeça.

Erro

O tori não deve erguer o joelho esquerdo durante a aplicação da técnica.

Kuzure-kesa-gatame (osae-waza)

Princípios gerais

Uma "variação da imobilização em diagonal", o kuzure-kesa-gatame, exige que o tori ajuste, em diagonal, o tronco sobre o peito do uke e cole ao máximo o quadril e a coxa na lateral do uke.

1 – O tori e o uke partem de kiyoshi-no-kamae. O tori segura o braço direito do uke, colocando-o sob sua axila.

2 e 3 – O tori, posicionado diagonalmente ao uke, passa o braço direito sob a axila esquerda do uke e segura sua gola.

Kuzure-kami-shiho-gatame (osae-waza)

Princípios gerais

O kuzure-kami-shiho-gatame, que pode ser entendido como uma "variação da imobilização da parte superior por quatro pontos", consiste em o tori imobilizar o uke envolvendo-lhe o braço direito com o próprio braço direito, cuja mão segura a gola, e o braço esquerdo segura a faixa do uke.

1 – O tori e o uke partem de kiyoshi-no-kamae, e o tori segura o braço direito do uke.

2 e 3 – O tori, posicionado diagonalmente ao uke, coloco o braço direito do uke sob sua axila direita e segura na gola do uke, atrás do pescoço.

4 e 5 – Imediatamente depois, o tori coloca a mão esquerda por baixo do braço esquerdo do uke e segura na faixa.

Tate-shiho-gatame (osae-waza)

Princípios gerais

Na "imobilização em paralelo pelos quatro pontos", tate-shiho-gatame, o tori, de frente para o uke, pressiona o peito contra o peito do uke e domina um de seus braços e seu pescoço.

1 – O tori se posiciona sobre o abdômen do uke, pega o braço direito dele e o coloca ao lado do pescoço.

2 – O tori envolve com o braço direito o pescoço e o braço do uke, unindo uma mão à outra e abaixando e aproximando do uke a cabeça, de modo a fazer com que a imobilização fique o mais justa possível.

3 e 4 – O tori prende, por fora, as pernas do uke com as suas próprias pernas.

Kata-gatame (osae-waza)

Princípios gerais

Kata-gatame quer dizer "imobilização pelo ombro" e, por meio dessa técnica, o tori domina o uke diagonalmente, envolvendo-o com um abraço a cabeça, um dos braços – que deve estar sobre o rosto do uke – e finalmente o ombro.

1 – O tori, lateralmente ao uke, com o joelho direito o escorando, o pé direito com as dobras dos dedos no tatame e o pé esquerdo com a sola inteira firmemente apoiada nele, domina o seu braço direito com ambas as mãos e o leva sobre a parte frontal do rosto do uke.

2 e 3 – Mantendo as posições das pernas e dos pés, o tori envolve com o braço direito o pescoço e o braço do uke, unindo uma mão à outra e aproximando a cabeça do uke, de modo a fazer com que a imobilização fique o mais justa possível.

Kuzure-yoko-shiho-gatame (osae-waza)

Princípios gerais

No kuzure-yoko-shiho-gatame, que pode ser lido como "variação lateral da imobilização por quatro pontos", o tori envolve o tronco do uke com seus braços. No caso de o tori ser destro, o braço esquerdo vai por sobre o ombro esquerdo do uke e a mão pega a faixa. Do outro lado, a mão direita vai por trás da perna esquerda do uke e segura a calça.

1 – O tori ergue lateralmente o tronco do uke e faz com que ele estenda o braço esquerdo.

2 – O tori passa o braço esquerdo por sobre o ombro do uke e com a mão agarra a faixa do mesmo.

3 – O tori coloca seu peito sobre o peito do uke, prendendo-o entre si e o solo, e passa seu braço direito por sob a coxa esquerda do uke, segurando-o pela calça.

Kami-shiho-gatame (osae-waza)

Princípios gerais

A "imobilização superior por quatro pontos" tem como princípio essencial o domínio da parte superior do corpo do uke, realizado com o tori se posicionando sobre a cabeça do uke e, partir daí, colando seu peito contra o peito do uke, prendendo-o entre si e o tatame.

1 – O tori se posiciona sobre a cabeça do uke.

2 – O tori passa ambos os braços por sob os braços do uke e segura, com ambas as mãos, a faixa do uke. Simultaneamente, o tori cola seu peito ao peito do uke.

Makura-kesa-gatame (osae-waza)

Princípios gerais

Este katame-waza pode ser entendido como "imobilização diagonal com travesseiro ou almofada", já que, ao aplicá-lo, o tori deve, entre outras coisas, manter a nuca do uke estendida, dominando-o por meio do controle de sua espinha dorsal.

1 e 2 – O tori se posiciona lateralmente ao uke e com a mão esquerda segura a gola e a suspende.

3 e 4 – O tori passa a perna direita por sob a nuca do uke, usando sua coxa como uma espécie de "travesseiro". A tradução literal da palavra "makura" é travesseiro ou almofada. O braço direito do tori deve envolver o braço esquerdo do uke, sob a axila, e a mão deve segurar na própria perna.

Ushiro-kesa-gatame (osae-waza)

Princípios gerais

Esta técnica poderia ser traduzida como "imobilização diagonal de costas" e exige que o tori use a lateral de seu tronco sobre o peito e o pescoço do uke e trave o braço direito do uke sob sua axila direita.

1 e 2 – O tori se posiciona lateralmente ao uke e domina o seu braço direito, colocando-o sob sua axila direita.

3 e 4 – O tori, estendendo a perna esquerda à frente, cola a lateral do tronco sobre o uke, mantendo o braço direito dele sob sua axila direita, e passando o braço esquerdo sob o braço esquerdo para segurar-lhe na faixa.

Yoko-shiho-gatame (osae-waza)

Princípios gerais

A "imobilização lateral por quatro pontos" consiste em o tori envolver o uke entre seus braços, a mão esquerda segurando a gola do uke, e a mão direita passando por sob a perna esquerda do uke, segurando a faixa.

1 – O tori se posiciona lateralmente ao uke, passa o braço direito por sob a perna esquerda dele, para segurar-lhe a faixa.

2 – Quase ao mesmo tempo, o tori passa o braço esquerdo por sob o pescoço do uke, segurando-lhe a gola. O tori ainda flexiona as pernas, encaixa os joelhos na lateral do tronco do uke – diminuindo o espaço para movimentação do braço e da perna direita dele –, cola seu rosto no peito do uke e abaixa o quadril o máximo que puder.

Ude-hishigi-ude-gatame (kansetsu-waza)

Princípios gerais

Esta técnica pode ser entendida por "chave com o braço estendido". O tori domina a articulação do braço do uke, leva-o estendido para cima, apoia a lateral do pulso em seu ombro e força a articulação para onde ela não é flexível.

1 – O tori segura o braço esquerdo do uke com as duas mãos.

2 – O tori, mantendo a perna esquerda ajoelhada e a direita flexionada, trava na altura da faixa do uke, traz para cima o braço esquerdo uke estendido, cola a lateral do pulso em seu ombro e, com ambas as mãos segurando a articulação do cotovelo, o tori a força para onde não é articulável.

Ude-hishigi-juji-gatame (kansetsu-waza)

Princípios gerais

A "chave de braço em posição de cruz", como pode ser entendido o ude-hishigi-juji-gatame, exige que o tori domine o braço do uke, segurando-lhe o pulso com o lado do polegar dele apontado para fora. Depois, o tori deve deitar-se, encaixando o pé direito sob a axila do uke e a cabeça dele entre o calcanhar e a coxa esquerda. Para finalizar o golpe, o tori pode levantar ligeiramente o quadril.

1 e 2 – O tori domina o braço direito do uke pelo pulso. Sua perna direita já está encaixada sob a axila do uke.

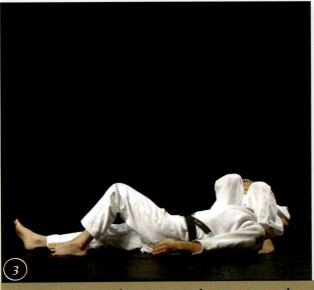 

3 e 4 – O tori deita, trazendo consigo o braço dominado do uke, e, simultaneamente, passa a perna esquerda sob a cabeça do uke, prendendo-a entre seu calcanhar e coxa. Na sequência, ergue ligeiramente o quadril para completar o golpe.

Erro 1

O tori deve ter atenção para a posição da mão do uke. Se o lado do polegar não estiver virado para cima, a aplicação da técnica não terá êxito.

Erro 2

A posição do tori ao deitar-se também é bastante importante. Ele deve ficar posicionado lateralmente ao uke – formando um ângulo de 90 graus – e não diagonalmente, o que permitiria ao uke resistir ao golpe e até escapar da técnica. Além disso, deve aproximar o máximo que puder os joelhos.

Ude-garami (kansetsu-waza)

Princípios gerais

A "chave em braço dobrado" consiste em o tori dominar o braço esquerdo do uke pelo pulso com a sua mão esquerda, enlaçá-lo com seu braço direito, formando, com sua própria articulação, o eixo sobre o qual se dará a torção.

1 – O tori segura o braço esquerdo do uke pelo pulso com a mão esquerda.

2 – Com o braço direito, o tori envolve o braço esquerdo do uke.

3 e 4 – Depois de envolver o braço do uke com o braço esquerdo, o tori segura com a mão direita o próprio braço esquerdo, formando o eixo de torção. Com a mão agarrada ao pulso do uke e forçando o braço esquerdo dele, o tori completa a torção.

Ude-hishigi-hiza-gatame (kansetsu-waza)

Princípios gerais

O ude-hishigi-hiza-gatame pode ser entendido como "chave de braço usando o joelho". Nele, o tori domina um dos braços do uke, prende-o sob sua axila, segurando-o também na altura do cotovelo, estende uma das pernas colando a sola do pé na coxa do uke e leva a outra perna à altura da faixa. Dessa forma, o braço do uke fica estendido e pressionado no sentido contrário ao movimento natural da articulação.

1 – O tori e o uke fazem o kumi-kata de direita a partir da posição kyoshi-no-kamae.

2 e 3 – O tori passa o braço esquerdo por cima do braço direito do uke, segura na altura do cotovelo e, simultaneamente, trava o pulso dele sob sua axila.

4 – O tori apoia a sola do pé direito na coxa esquerda do uke e deita para trás trazendo consigo o uke.

5 – Em seguida, o tori coloca o pé esquerdo em cima da faixa do uke e faz pressão com o joelho sobre a articulação do braço direito do uke.

Ude-hishigi-waki-gatame (kansetsu-waza)

Princípios gerais

A "chave de braço com a axila" pode ser aplicada tanto em pé quanto no solo. O tori segura o uke pelo pulso direito com ambas as mãos, puxa-o para si e suavemente para baixo, encaixando o braço direito do uke sob sua axila. Ao fim da técnica, tori e uke estão quase paralelos um ao outro, o tori um pouco à frente, como se adquirisse a postura jigo-hontai.

1 – O tori e o uke partem de kumi-kata de direita.

2 – O tori segura o pulso direito do uke com ambas as mãos.

3 e 4 – O tori puxa o braço direito para frente e suavemente para baixo, fazendo o avançar a perna direita. Depois, posiciona-se quase paralelamente ao uke, apenas um pouco à frente dele, como se adquirisse a postura jigo-hontai.

Erro 1

Ao segurar a mão do uke, o tori tem de atentar para que o polegar do uke nunca esteja voltado para cima.

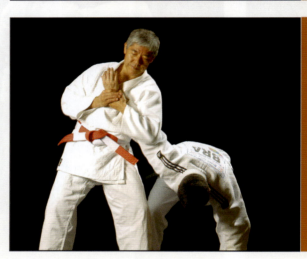

Erro 2

O tori também não deve puxar o braço do uke para cima.

Ude-hishigi-hara-gatame (kansetsu-waza)

Princípios gerais

O ude-hishigi-hara-gatame pode ser entendido como "chave de braço com a barriga". Também pode ser aplicado em pé ou no solo. O tori, caso seja destro, envolve o pescoço do uke com o braço esquerdo, permitindo-lhe o kansetsu-waza.

1 – O tori segura, por cima, o pulso direito do uke com a mão direita.

2 – O tori avança a perna direita, puxando, simultaneamente, o braço direito do uke para frente e para baixo, apoiando-o na coxa, para depois fazer pressão com a barriga. O tori também deve enlaçar o pescoço do uke com o braço esquerdo.

3 – O tori faz pressão com a barriga sobre o cotovelo direito do uke.

Gyaku-juji-jime (shime-waza)

Princípios gerais

No gyaku-juji-jime, "estrangulamento em cruz com os polegares para fora", o tori se posiciona sobre o abdômen do uke, segura ambas as golas com as mãos invertidas e os polegares para fora da gola. Encaixa as solas dos pés na parte posterior das coxas do uke e, jogando o tronco à frente, sobre a cabeça do uke, puxa para cima e para dentro ambas as golas do uke, estrangulando-o.

1 – O tori e o uke partem de kiyoshi-no-kamae.

2 – O tori encaixa a mão esquerda por dentro da gola esquerda do uke, com o polegar para fora.

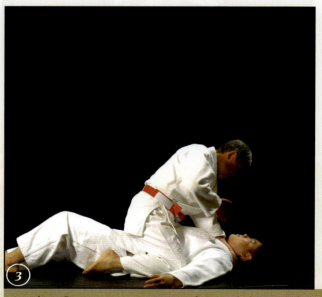

3 e 4 – O tori se posiciona sobre o abdômen do uke e com a mão direita segura a gola direita do uke.

KATAME-WAZA 217

5 e 6 – O tori encaixa as solas dos pés na parte posterior das coxas do uke e, jogando o tronco à frente, sobre a cabeça do uke, puxa para cima e para dentro ambas as golas do uke, estrangulando-o.

Okuri-eri-jime (shime-waza)

Princípios gerais

No okuri-eri-jime, "estrangular deslizando a mão pela gola", o tori se posiciona pelas costas do uke e, segurando ambas as golas (eri) de forma cruzada, aplica-lhe o estrangulamento.

1 e 2 – O tori domina o uke pelas costas, passando o braço esquerdo por baixo da axila esquerda do uke, ajeitando a gola com a mão esquerda para depois pegá-la com a direita. Feita a pegada com a direita, o tori muda a pegada da mão esquerda para a gola direita do uke.

3 e 4 – O tori desliza a mão direita pela gola do uke, aprofundando-a ao máximo, até encaixar o braço direito no pescoço do uke.

KATAME-WAZA 219

5 e 6 – Mantendo a base sólida – pé direito com a sola no chão e perna esquerda ajoelhada e com os dedos do pé firmes no chão – o tori desequilibra o uke para trás e um pouco para a direita.

7 e 8 – O tori completa o golpe, puxando a gola direita para cima e a esquerda para baixo, o que resulta no shime-waza.

9 – Para se defender desse golpe, o uke costuma abaixar o queixo, defendendo o pescoço. Para que isso não ocorra, o tori deve encaixar o braço o mais profundamente possível.

Hadaka-jime (shime-waza)

Princípios gerais

O hadaka-jime, "estrangulamento sem usar a gola", exige que o tori passe um braço sob o queixo do uke, encaixe a lateral de seu pulso no pescoço do oponente e a use para completar a técnica.

1 e 2 – O tori encaixa o braço direito no pescoço do uke e segura uma mão na outra.

3 e 4 – Fazendo o kuzushi para trás, o tori encosta a cabeça lateralmente na cabeça do uke.

KATAME-WAZA 221

5 e 6 – O tori, cuja cabeça, reclinada, fica bem próxima ao ombro esquerdo do uke, aperta o braço contra o pescoço, finalizando a técnica.

7 – Se o tori não realizar o kuzushi para trás, o uke poderá arremessá-lo para frente com o ippon-seoi-nage.

Kataha-jime (shime-waza)

Princípios gerais

Nesta técnica, o tori segura uma das golas do uke e leva seu outro braço para trás da cabeça do uke, de modo a realizar o estrangulamento.

1 e 2 – O tori domina o uke pelas costas, passando o braço esquerdo por baixo da axila esquerda do uke, ajeitando a gola com a mão esquerda para depois pegá-la com a direita.

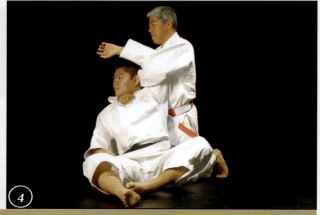

3 e 4 – O tori leva o braço esquerdo para trás da cabeça do uke e encaixa a mão esquerda sob o seu próprio cotovelo direito. Finalmente, o tori desequilibra o uke à direita, puxando-lhe a gola e o estrangulando.

Nami-juji-jime (shime-waza)

Princípios gerais

No "estrangulamento em cruz com os polegares para dentro", o tori se posiciona sobre o abdômen do uke, segura ambas as golas com as mãos cruzadas e os polegares por dentro, encaixa as solas dos pés na parte posterior das coxas do uke e, jogando o tronco à frente, sobre a cabeça do uke, puxa para si ambas as golas do uke, estrangulando-o.

1 e 2 – O tori encaixa a mão esquerda, com o polegar por dentro da gola, na gola esquerda do uke.

3, 4 e 5 – O tori se posiciona sobre o abdômen do uke e com a mão direita segura a gola direita do uke, também com o polegar por dentro da gola.

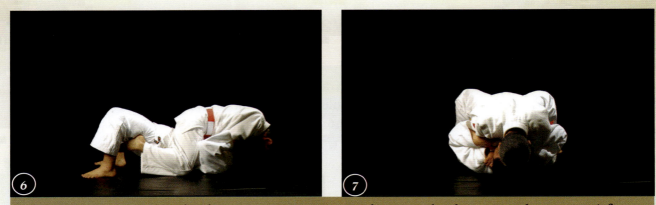

6 e 7 – O tori encaixa as solas dos pés na parte posterior das coxas do uke e, jogando o tronco à frente, sobre a cabeça do uke, puxa para si ambas as golas do uke, estrangulando-o.

Kata-juji-jime (shime-waza)

Princípios gerais

No "estrangulamento em cruz com um polegar para dentro e outro para fora", o tori segura a gola esquerda do uke com a mão esquerda o mais profundamente que puder. Em seguida, sobe sobre o abdômen do uke e segura com a mão direita a gola direita do uke, para depois aplicar o estrangulamento.

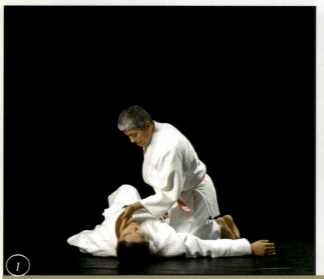

1 e 2 – O tori encaixa a mão esquerda, com o polegar por fora da gola esquerda do uke o mais profundamente possível, de modo a encaixar o braço no pescoço do uke.

3 e 4 – O tori se posiciona sobre o abdômen do uke e com a mão direita segura a gola direita do uke, com o polegar para dentro.

5 e 6 – O tori encaixa as solas dos pés na parte posterior das coxas do uke e, jogando o tronco à frente, sobre a cabeça do uke, puxa para cima e para dentro ambas as golas do uke, estrangulando-o.

Kata-te-jime (shime-waza)

Princípios gerais

Nesta técnica, que pode ser traduzida por "estrangulamento com um dos braços", o tori, no caso destro, posicionado lateralmente ao uke, domina o braço direito dele, encaixando-o sob sua axila direita e, com o braço esquerdo, cuja mão deve segurar a gola esquerda do uke, realiza a técnica.

1 e 2 – O tori domina o braço direito do uke, colocando-o sob sua axila direita. Em seguida, com a mão esquerda, segura a gola esquerda do uke, profundamente, encaixando o braço em seu pescoço.

3 e 4 – O tori estende a perna esquerda à sua frente e flexiona a direita para trás. Depois coloca o peso de seu tronco sobre o braço esquerdo, encaixado no pescoço do uke.

Sode-guruma-jime (shime-waza)

Princípios gerais

A técnica "estrangulamento com o giro das mangas" consiste em o tori usar o próprio sode (manga) para realizar o estrangulamento.

1 – O tori, sobre o abdômen do uke, segura a manga direita do próprio wagi com a mão esquerda.

2 – Com o braço direito, o tori envolve o pescoço do uke por trás, enquanto o braço esquerdo encaixa na parte frontal do pescoço do uke.

3 – O tori segura com a mão direta a sua própria manga esquerda, aumentando a pressão sobre o pescoço do uke.

Tsukomi-jime (shime-waza)

Princípios gerais

Esse shime-waza, "introduzir a gola para estrangular", tem como principal característica o estrangulamento realizado por meio da pressão da gola no pescoço do uke.

1 – O tori, sobre o abdômen do uke, segura ambas as golas do uke, na altura do peito.

2 – O tori coloca, com a mão direita, a gola esquerda do uke por dentro da gola direita. O tori pressiona a gola esquerda contra o pescoço do uke e, simultaneamente, puxa a gola direita para pressionar a parte posterior do pescoço do uke.

Yoko-sankaku-jime (shime-waza)

Princípios gerais

O yoko-sankaku-jime, "estrangulamento lateral com as pernas em triângulo", permite ao tori estrangular o uke, com as pernas em forma de triângulo.

1 – O tori encaixa o joelho direito no ombro esquerdo do uke.

2 – O tori encaixa a perna esquerda sob a axila direita do uke, de modo que o calcanhar esquerdo encontre o joelho direito, formando com as pernas um triângulo que envolve o pescoço do uke. Também nessa etapa, o tori segura a faixa do uke com a mão esquerda e engancha seu braço direito no braço esquerdo dele.

3 – Depois, senta para a diagonal direita do uke, trazendo-o consigo.

4 – Após de fazer a projeção, o tori solta a faixa do uke e com a mesma mão que a segurava, entrelaça o braço dele. Com a mão direta, o tori pega uma das pontas do wagi do uke que fica abaixo da faixa.

KATAME-WAZA 231

5, 6 e 7 – Para completar, o tori passa a ponta do wagi da mão direita para a esquerda, com a qual trava o braço esquerdo do uke, puxa o braço direito para si. Ao mesmo tempo, o tori coloca o peito do pé direito atrás do joelho de sua perna esquerda, por meio do que controlará a pressão das pernas sobre o pescoço do uke.

Jigoku-jime (shime-waza)

Princípios gerais

Para aplicar esta técnica, "estrangulamento infernal", o tori, se destro, usa o braço direito para dominar o braço direito do uke e o esquerdo, com o qual efetivamente realizará o estrangulamento, para segurar a gola do uke. O tori usa também as pernas para dominar o braço esquerdo do uke.

1 – O tori, à lateral esquerda do uke, ajoelha a perna direita e coloca o peito sobre as costas do uke para dominá-lo.

2 e 3 – O tori passa o braço esquerdo pelo pescoço do uke e segura a gola direita dele com o polegar por dentro.

4 e 5 – O tori, com a mão direita, segura a manga direita do uke.

6 e 7 – O tori puxa o braço direito do uke para dentro e, com a perna esquerda, enlaça o braço esquerdo do uke.

8 e 9 – O tori, sem soltar a gola e os braços do uke, gira sobre ele, trazendo-o consigo.

10 e 11 – O tori encaixa também a perna direita no braço esquerdo do uke e puxa a gola dele para finalizar a técnica.

Ryote-jime (Shime-waza)

Princípios gerais

Esta técnica, "estrangulamento com as duas mãos", pode ser aplicada em pé ou no solo e consiste em o tori, com ambas as mãos, pressionar a jugular do uke, estrangulando-o.

1 e 2 – Com ambas as mãos na gola, o tori pressiona o pescoço do uke para realizar o estrangulamento.

Mae-sankaku-jime (shime-waza)

Princípios gerais

No mae-sankaku-jime, "estrangulamento em triângulo de frente", o tori se posiciona em guarda, segura um dos braços do uke, puxa-o para si e, com as pernas, envolve o pescoço do uke, pressionando-o e realizando o estrangulamento.

1 – Com o uke na guarda, o tori puxa o braço direito dele com ambas as mãos para a diagonal esquerda e, simultaneamente, passa a perna direita sobre o ombro esquerdo do uke.

2, 3 e 4 – O tori envolve o pescoço do uke com a perna direita e coloca a parte posterior do joelho esquerdo sobre o peito do pé direito. Abaixando a perna esquerda, o tori pressiona o pé direito para baixo, cuja perna, por sua vez, pressionará o pescoço do uke.

Ushiro-sankaku-jime (shime-waza)[1]

Princípios gerais

O "estrangulamento em triângulo pelas costas", ushiro-sankaku-jime, exige que o tori domine o uke pelas costas, puxando-lhe um dos braços e envolvendo seu pescoço com as pernas.

1 e 2 – O tori, com as costas no tatame, domina o uke, de costas para si, pelo braço esquerdo. Quase simultaneamente, o tori envolve o pescoço do uke com a perna direita.

3 e 4 – O tori envolve o próprio pé direito com a perna esquerda para pressionar o pescoço do uke.

---

[1] Para fazer o sankaku, é necessário que um dos braços do uke esteja junto com o seu pescoço. O objetivo é proteger a cervical do uke, já que o braço, de certa maneira, protege o pescoço da pressão exercida pelas pernas, cuja força é muito grande.

CONCLUSÃO

O judô é grande nos detalhes técnicos, no conceito, na abrangência territorial e na história. São perto de 20 milhões de praticantes em todo o mundo; só no Brasil, são, aproximadamente, 2,2 milhões[1]. Porém, nem todos se dão conta do valor que esta arte tem.

Este segundo volume de *Uruwashi* teve como propósito lançar luz sobre a história do judô no Brasil, falando dos nossos judocas pioneiros, dos responsáveis por expandir a arte e dos grandes campeões do esporte. O livro também mostrou a importância do ensinamento do judô, considerando sempre seus valores, princípios e as diferentes faixas etárias de aprendizes: o judô ensinado a uma criança e a um adolescente é diferente do ensinado a um adulto. Em termos técnicos, este segundo tomo trouxe os principais contragolpes do judô (kaeshi-waza) e técnicas de combate no solo, ou katame-waza, bem como dois kata: Katame-no-kata e Kime-no-kata.

No próximo volume, o leitor, na parte teórica, encontrará uma explanação sobre os "aspectos fundamentais" do judô: etiqueta, competição, graduação e defesa pessoal. As etiquetas do judô podem ser traduzidas como práticas litúrgicas, por meio das quais o judoca cultiva, simbólica e habitualmente, o respeito à arte marcial, à cultura nacional da qual se originou (nipônica), à sua história, ao sensei fundador do judô (Jigoro Kano), ao professor do dojo e aos colegas de "caminho suave".

Quanto à competição, o livro procurará destacar sua importância, evitando dar-lhe uma dimensão maior do que tem, geralmente, aos olhos dos leigos, e alertando para os riscos de se entender o judô apenas como instrumento de disputa. Em termos de graduação, o livro explorará a importância de se respeitar o amuderecimento do judoca, de modo a garantir que não se concederá a ele "faixa" maior do que sua maturidade permite. A graduação é uma grande responsabilidade, até porque, mais do que um esporte, o judô é uma arte marcial que, se bem usada, pode ser importante instrumento de defesa pessoal, do contrário, não passa de uma arma. É sob esse prisma que o livro também aborda a questão da autodefesa – ou da defesa pessoal.

Do ponto de vista técnico, o leitor poderá, no terceiro volume, conhecer mais dois kata: Kodokan-goshin-jutsu e ju-no-kata. Saberá, ainda, quais são as mais usadas e tradicionais "passagens de guarda" de newaza (luta de solo) e poderá ver algumas variações das técnicas do Gokyo, também conhecidas como Extragokyo.

Acreditamos que esses conteúdos se configuram em motivo de sobra para que vocês, leitores, acompanhem--nos, também, no próximo livro. Até lá!

Sensei Rioiti Uchida (7º dan)

---

[1] FUJITA, L. Qual é o esporte mais praticado no Brasil? Disponível em: <http://mundoestranho.abril.com.br/materia/qual-e-o-esporte--mais-praticado-no-brasil>. Acesso em: 25 mai. 2015.

Sensei Rioiti Uchida (7º dan)

Sensei Rioiti Uchida nasceu na cidade de Tapiraí, interior de São Paulo, de onde saiu para a capital do estado aos 14 anos. "Não sabia o que queria nem o que encontraria, mas achava que não podia ser menos do que era em Tapiraí. Por isso vim." Em São Paulo, descobriu, na prática, o judô, e encontrou na arte marcial o caminho que precisava para viver como queria, preservando os valores e os princípios que tinha. Seu sensei foi ninguém menos que Chiaki Ishii, lenda do judô brasileiro, responsável pela primeira medalha olímpica do país na modalidade (medalha de bronze), em 1972, em Munique, Alemanha.

Em São Paulo, Uchida casou-se e teve dois filhos (ambos judocas e faixas-pretas hoje) e encontrou outras pessoas importantes para sua incrível trajetória no judô, como os senseis Massao Shinohara e Mario Matsuda, que, com seus profundos conhecimentos técnicos, ajudaram Uchida e sensei Luis Alberto dos Santos a se tornarem uma das melhores duplas de kata da história do esporte em todo o mundo.

"O judô se transforma o tempo todo do ponto de vista técnico. Mas, por meio do kata, mantém sua raiz técnica. O kata é o judô como Jigoro Kano o concebeu; é a forma original, a fonte, criada justamente para que nós, judocas, não nos esqueçamos de suas raízes." O primeiro contato de Uchida com o kata foi em 1983, e o primeiro título mundial de kata veio 18 anos depois, em Phoenix, Estados Unidos. Hoje, são 15 títulos mundiais de kata, sem contar as dezenas de títulos pan-americanos, sul-americanos, brasileiros, paulistas e de Jogos Abertos do Interior.

Uchida não se envaidece dessas conquistas, porque tem certeza de que o judô permite e deseja que seus praticantes alcancem conquistas maiores. "Todo professor quer que seus alunos vençam campeonatos. Eu não sou diferente. Mas tenho consciência de que há vitórias maiores. Cada pessoa tem seus próprios limites, e minha função, como professor, é auxiliá-las a superá-los. Superar o próprio limite é a maior vitória que se pode alcançar."

Talvez essa mentalidade justifique a honraria que recebeu do Kodokan, instituição-mãe do judô, fundada por sensei Jigoro Kano em 1882. Uchida foi reconhecido pela entidade como o 6º dan, mesma graduação que lhe é conferida pela Federação Paulista de Judô (FPJ). Tal reconhecimento do Kodokan é raro, já que a instituição, com sede em Tóquio, costuma conferir aos judocas uma graduação abaixo daquela conferida pelas federações locais.

Em 2013, sensei Uchida participou no Kodokan de curso de aprimoramento de todos os kata. Também foi indicado para representar a pan-américa na Comissão de Kata da Federação Internacional de Judô (FIJ) no campeonato mundial realizado em Kyoto, no Japão. Em 2014, Málaga na Espanha e em 2015 em Amsterdã, na Holanda.

Sensei Rodrigo Guimarães Motta (6º dan)

Terceiro colocado no campeonato mundial, campeão pan-americano, tetracampeão sul-americano e brasileiro como Grand Masters (veterano). Esses são apenas alguns dos títulos conquistados pelo paulistano Rodrigo Guimarães Motta, que também tem títulos brasileiros e sul-americanos de kata. Há muitas outras conquistas no tatame, mas falar de todas é inviável, não nos sobraria espaço para contar um pouco de sua rica história.

Motta é um bom exemplo de pessoa capaz de vencer suas próprias limitações, mesmo aquelas que não tinha antes de uma intervenção desastrosa do destino. Aos 29 anos, sofreu um grave acidente que levou alguns dos médicos que consultou a vaticinarem a inoperância quase completa de sua perna esquerda, o que o obrigaria a usar muletas ou cadeira de rodas pelo resto da vida. "Em outras palavras, eu estava fadado a nunca mais pisar num tatame, pelo menos não como desejava."

Mas, graças a sua fé inabalável na capacidade de superar desafios e sua ojeriza ao conformismo, ele procurou uma solução e a encontrou com a ajuda do médico e judoca Wagner Castropil. Foram oito cirurgias, sete anos de fisioterapia e o retorno aos tatames. Foi depois dessa vitória (a maior de sua carreira) que ele conquistou os títulos citados no primeiro parágrafo, o que, sem dúvida, os tornam ainda mais significativos.

"Amo a cultura samurai, mas um princípio em especial me encanta bastante: o do uruwashi, segundo o qual um homem precisa cultivar com igual importância habilidades culturais e marciais." Motta é autor de livros, como *Esportismo* (escrito com Wagner Castropil, no qual trata do impacto positivo do esporte no cotidiano pessoal e profissional de homens e mulheres), e um dos organizadores da obra *Cartas de um amor à moda antiga*, em que compilou cartas trocadas entre seus avós José e Edith Motta, em 1936.

Ainda no mundo das letras, Motta também encontrou meios de unir sua paixão pelos livros, pelos estudos e por sua área de atuação profissional para participar como coautor da obra *Trade marketing: teoria e prática para gerenciar os canais de distribuição*. Formado em Administração Pública, com pós-graduação em Filosofia, Marketing, Sociologia e em Varejo e mestrado em Administração e Planejamento, Motta tem uma vida profissional agitada e empreendedora. Foi sócio-diretor da Sucos do bem, empresa carioca de bebidas e, antes, foi diretor comercial da Nutrimental e diretor de vendas da Heineken para a América Latina.

"Não gosto de conquistar algo e ficar parado, usufruindo da zona de conforto proporcionada pela conquista. Quando fazemos isso, perdemos a oportunidade de alcançar novas conquistas."

BIBLIOGRAFIA

Bortole, Carlos. Muda a História. *Revista Judô*, São Paulo: Ed. Ippon, n. 12, pp. 10-11, set. 1997.

Castropil, Wagner; Motta, Rodrigo. *Esportismo*: valores do esporte para o alto desempenho pessoal e profissional. São Paulo: Ed. Gente, 2010.

CBJ – Confederação Brasileira de Judô. Histórico em competições. Disponível em: <http://www.cbj.com.br/novo/institucional.asp>. Acesso em: 10 jun. 2009.

Croucher, Michael; Reid, Howard. *O caminho do guerreiro*: o paradoxo das artes marciais. 11. ed. São Paulo: Ed. Cultrix, 1990.

Fromm, Alan; Soames, Nicholas. *Judo*: the gentle way. Londres: Viking Pr, 1982.

Hyams, Joe. *O zen nas artes marciais*. 12. ed. São Paulo: Ed. Pensamento, 1997.

Instituto Niten. *Samurai*: a história dos samurais. Disponível em: <http://www.niten.org.br/ samurai.htm>. Acesso em: 10 jun. 2009.

Kano, Jigoro. *Energia mental e física*: escritos do fundador do judô. São Paulo: Ed. Pensamento, 2008.

Kudo, Kazuzo. *O judô em ação*. São Paulo: Sol S.A., 1972.

Mifune, Kyuzo. *The canon of judo*: classic teachings on principles and techniques. Tokyo: Kodansha International, 2004.

Moshanov, Andrew. *Judo*: from a russian perspective. Vaihingen/Enz: Ipa-Verlag, 2004.

Musashi, Miyamoto. *O livro de cinco anéis*: guia clássico de estratégia japonesa para os negócios. Rio de Janeiro: Ed. Ediouro, 2000.

Revista Kiai. São Paulo: Federação Paulista de Judô (FPJ), 1998, p. 9.

Schilling, Voltaire. Confúcio e o estado ideal. *Terra*, [S.l.], [s.d.]. Disponível em: <http:// educaterra.terra.com.br/voltaire/politica/2002/11/25/003.htm>. Acesso em: 10 jun. 2009.

_____. Japão, o último samurai. *Terra*, [S.l.], [s.d.]. Disponível em: <http://educaterra.terra.com.br/ voltaire/mundo/2004/03/01/001.htm>. Acesso em: 10 jun. 2009.

Stevens, John. *Três mestres do budo*. São Paulo: Ed. Cultrix, 2007.

Sugai, Vera Lúcia. *O caminho do guerreiro*. São Paulo: Ed. Gente, 2000. 1 v.

Tomita, Tsuneo. *Sanshiro sugata*. São Paulo: Ed. Topan Press, 2007.

Virgílio, Stanlei. *A arte do judô*. 3. ed. Porto Alegre: Ed. Rígel, 1994.

Yuzan, Daidoji. *Bushido*: o código dos samurais. 3. ed. São Paulo: Ed. Madras, 2003.

Wilson, William Scott. *O samurai*: a vida de Miyamoto Musashi. São Paulo: Ed. Estação Liberdade, 2006.

OS AUTORES

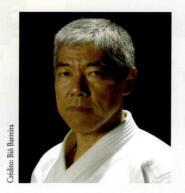

Sensei Rioiti Uchida (7º dan) é diretor técnico e professor da Associação de Judô Alto da Lapa e uma das maiores referências técnicas do judô internacional, muito conhecido por entender e aplicar o judô como instrumento de educação física, intelectual e moral. Campeão mundial de kata 15 vezes em diferentes modalidades (Nage-No-Kata, Ju-No-Kata, Katame-No-Kata, Kime-No-Kata, Kodokan-Goshin-Jitsu e Koshiki-No-Kata), Uchida é um dos poucos judocas do mundo cuja graduação alcançada perante a federação local (Federação Paulista de Judô – FPJ). É também reconhecida pelo Kodokan Judo Institute, entidade mais antiga do judô, criada em 1882 pelo próprio fundador da arte marcial, sensei Jigoro Kano. O feito prova o reconhecimento internacional de Uchida, já que a graduação de um judoca no Kodokan, normalmente, é um grau inferior à outorgada pela federação local.

ruchida@editoraevora.com.br

Sensei Rodrigo Motta (6º dan) terceiro colocado no campeonato mundial, tetracampeão sul-americano e tetracampeão brasileiro de judô. Como bom discípulo de sensei Uchida, ele também se destaca por conquistas nacionais e internacionais em disputas de kata. Mas seus feitos transcendem a área de luta e se estendem para as letras e os estudos. Formado em Administração Pública, com pós-graduações e mestrado, Motta é coautor de outros livros, entre os quais *Esportismo*, em que trata da influência benéfica dos valores do esporte sobre vários aspectos de nossas vidas. A história de Motta talvez seja o melhor exemplo dessa tese. Depois de uma séria lesão, médicos chegaram a dizer que ele não mais poderia praticar judô. Motta venceu o diagnóstico médico e muito mais dentro e fora do tatame, provando a premissa judoca de que vencer não é jamais cair, mas sempre se levantar.

rmotta@editoraevora.com.br

Este livro foi impresso pela gráfica RR Donnelley em
papel Couché fosco 80 g.